MODERNE
WIRTSCHAFTSGESTALTUNGEN

Herausgegeben von

KURT WIEDENFELD

HEFT 10

Kartelle und Konzerne

**Bericht
für den Vorbereitungs-Ausschuß der Weltwirtschafts-Konferenz, mit Anhang: Gegenwartsfragen industrieller Organisation**

von

Kurt Wiedenfeld

Berlin und Leipzig 1927

WALTER DE GRUYTER & CO.

vormals G. J. Göschen'sche Verlagshandlung / J. Guttentag, Verlagsbuchhandlung / Georg Reimer / Karl J. Trübner / Veit & Comp.

Moderne Wirtschaftsgestaltungen

Herausgegeben von

Kurt Wiedenfeld

*

Heft 1: **Das rheinisch-westfälische Kohlensyndikat.** Von Kurt Wiedenfeld. Oktav. 172 Seiten M. 9.—

Heft 2: **Die Ruhrhäfen, ihre Industrie und ihr Handel.** Von Johann Kempkens. 1914. Oktav. 128 Seiten, mit einem großen Hafen- und Industrieplan. M. 6,75

Heft 3: **Sibirien in Kultur und Wirtschaft.** Von Kurt Wiedenfeld. 1916. Oktav. 86 Seiten. M. 2,75

Heft 4: **Ein Jahrhundert rheinischer Montanindustrie** (Bergbau — Eisenindustrie — Metallindustrie — Maschinenbau) 1815 bis 1915. Von Kurt Wiedenfeld. 1916. Oktav. VIII, 155 Seiten M. 5.—

Heft 5: **Die Güterschiffahrt auf der Saale und Unstrut.** Von J. Remme. 1918. Oktav. 79 Seiten M. 2,50

Heft 6: **Die Organisationsbestrebungen in Stabeisenfabrikation und Stabeisenhandel.** Von Wilhelm Adler. 1920. Oktav. X, 146 Seiten. M. 4,50

Heft 7: **Die Organisationsformen des Weltfunkverkehrs.** Von Fritz Beckmann. 1925. Oktav. VIII, 166 Seiten. M. 8,50

Heft 8: **Deutsch-italienische Handelsbeziehungen.** Von Rudolf Schneiders. 1926. Oktav. 108 Seiten. M. 4,—

Heft 9: **Die oberschlesische Montanindustrie vor und nach der Teilung des Industriebezirks.** Von Paul Deutsch. 1926. Oktav. X. 96 Seiten. M. 3,60

1. Kartelle und Konzerne
Bericht für die Weltwirtschafts-Konferenz

I. Das Wesen der Kartelle und Konzerne

1. Die **Kartelle** (Konventionen, Konferenzen, Syndikate) und die **Konzerne** (gemischte Werke, Interessen-Gemeinschaften, Trusts) sind zwar aus derselben wirtschaftlichen Schwierigkeit erwachsen; sie suchen aber deren Überwindung auf grundverschiedenen Wegen zu erreichen. Die Schwierigkeiten, denen sie entgegenarbeiten, ergeben sich aus der Dissonanz zwischen den ewigen Schwankungen des Marktes in Aufnahmefähigkeit und Preisen auf der einen Seite, dem Interesse nach gleichmäßiger Beschäftigung der stehenden Anlagen und nach gleichmäßigen Preisen auf der anderen Seite, und zwar um so nachhaltiger, je mehr die Technik das unbewegliche Element der Maschine und sonstigen Daueranlagen in den Vordergrund rückt. Da an der Bedeutung der Technik nicht zu rütteln ist, gilt es die Marktbeziehungen einigermaßen auf Gleichmäßigkeit umzustellen. Für die Kartelle ist daher das letzte Ziel die Marktbeherrschung, auch wenn sie tatsächlich nur in sehr seltenen Fällen, man kann fast sagen: nie, erreicht wird; die Konzerne dagegen, ebenfalls selten oder nie völlig erfolgreich, steuern auf Marktunabhängigkeit los.

Dem Unterschied der Zielsetzung entspricht die Verschiedenartigkeit des Aufbaues. Die Kartelle sind ganz und gar auf den Markt eingestellt, sei es daß sie den Einkauf für ihre Mitglieder regeln, sei es daß sie mit dem Verkauf zu tun haben. Sie lassen die Gestaltung der Produktion oder sonstigen Leistungen, den Aufbau der Technik und des ganzen Innenbetriebes ihren Mitgliedern frei und greifen selbst bei straffster Zusammenfassung in die Produktionsgröße nur insoweit ein, als die jeweils hergestellten Produkte unmittelbar zum Verkauf gelangen sollen; was dagegen in der gleichen Unternehmung weiterbearbeitet wird, bleibt in der Regel außerhalb aller Bindung. Die Kartellmitglieder bleiben rechtlich und tatsächlich selbständige Unternehmungen, die lediglich in ihrem Verhältnis zum Markte und lediglich vertragsmäßig sich gegenseitig mehr oder minder weitgehenden Beschränkungen unterworfen haben. Allen Kartellformen gemeinsam ist die zeitlich enge Begrenzung dieser Verpflichtung.

In den Konzernen dagegen geben die einzelnen Glieder gerade ihre innere Selbständigkeit zu gunsten einer neuen Einheit mehr oder minder auf. Von einer gemeinsamen Spitze wird in das Arbeits- und Absatz-Programm jeder Teilunternehmung maßgeblich eingegriffen. Die Finanzierungsfragen werden für alle Beteiligten einheitlich geregelt, Geldüberfluß und Geldbedarf innerhalb des Konzerns ausgeglichen. Der Gewinnausgleich — das Moment, das am deutlichsten den Konzern vom Kartell unterscheidet — läßt die innere Verbundenheit ihren kapitalmäßigen Ausdruck finden. Die zeitliche Begrenzung, wenn sie überhaupt noch besteht, gibt weitausschauende Fristen (30 oder gar 99 Jahre) und weicht in der Regel bald der Dauerverbindung oder aber der Wiederauflösung. —

2. In der **Intensität** der Bindung bestehen in beiden Reihen von Fall zu Fall sehr beträchtliche Unterschiede.

Die bei weitem meisten Kartelle beschränken sich überall in der Welt auf ganz lose Vereinbarungen, in denen die Kontrahenten sich gegenseitig zur Einhaltung gewisser Grenzen etwa bei der Kredit- und Rabattgewährung oder bei sonstigen Neben-Bedingungen ihrer Kaufverträge verpflichten; sie reinigen gleichsam nur die Atmosphäre des Marktes von der übelsten Luft, lassen aber das Marktgefüge selbst unberührt. Auf einem anderen Wege suchen dem Wettbewerb seine ärgsten Schärfen jene Kartellverträge abzuschleifen, die dem einzelnen Kontrahenten oder je einer Kontrahentengruppe einen bestimmten Absatzbezirk zur Bearbeitung zuweisen und ihnen dann innerhalb dieses Bezirks freie Hand lassen; sie werden zumeist von Sonderverträgen ergänzt, in denen die Gruppen sich innerhalb ihres Bezirkes über ihr Verhalten verständigen.

Schon tiefer greifen diejenigen Kartelle in den Markt ein, in denen die Mitglieder sich gegenseitig die Innehaltung von Mindestpreisen zusichern; hier finden sich auch schon nicht selten Vereinbarungen über eine einheitliche Kontrollausübung, die dann gelegentlich auch zur Errichtung besonderer Kartellorgane führen. Erst recht kommt man an den Kern der Markterscheinungen näher heran, wenn mit einer Preiskonvention die Vereinbarung sich verbindet, daß jeder Vertragsteil den Umfang seiner Produktion, soweit er sie überhaupt zum Verkauf bringen will, nach gemeinsam festgesetzten Richtlinien jeweils der Aufnahmefähigkeit des Marktes anzupassen hat (Kontingentierung); hier ist, da die Ausnutzung der stehenden Anlagen bei jeder Produktionseinschränkung in Frage gestellt ist, ohne intensive Kontrolle der einzelnen Kontrahenten nicht mehr aufzukommen — das Errichten besonderer Kartellorgane wird zur Notwendigkeit.

Noch einen wesentlichen Schritt weiter gehen jene Kartellverträge, die ihren Teilhabern zwar auch noch den Verkauf der Ware zu eigener Betätigung überlassen, von ihnen jedoch verlangen, daß jeder Abschluß alsbald einer gemeinsamen Zentralstelle angezeigt werde, und die dann von dieser Zentralstelle her nicht nur die Innehaltung der Kartellvorschriften über Umfang, Preis und Bezirk der Verkäufe kontrollieren, sondern darüber hinaus den Mengenausgleich oder gar einen gewissen Einnahmeausgleich zwischen den Kartellbeteiligten bewirken. Die Zentralstellen, wenn sie auch noch nicht besondere Rechtspersönlichkeit besitzen, führen hier bereits von ihrem Aufgabenkreis her ein Sonderleben und machen sich, selbständig neben ihren Begründern stehend, zu besonderen Trägern der Kartellidee. Hier läßt sich von Kartellen als besonderen Instituten, nicht mehr nur von Kartellverträgen sprechen.

Die Krönung des Aufbaues ist in den sogenannten Syndikaten gegeben, d. h. in jenen Kartellen, bei denen neben den Vertragsteilnehmern eine besondere Rechtspersönlichkeit genossenschaftlichen Charakters steht (in der Form eines rechtsfähigen Vereins, einer Aktiengesellschaft oder einer G. m. b. H.; einer *limited company,* einer *société anonyme)* mit der Aufgabe, den Teilnehmern ihre gesamte zum Verkauf bestimmte Produktion zunächst selbst abzunehmen (rechtsformell: abzukaufen) und sie in geschlossener Einheitlichkeit dem Markte zuzuführen (zu verkaufen). Von der Marktübersicht her, die sich hieraus für die Syndikatsleitung ergibt, läßt sich dann jeweils der Umfang der zulässigen Verkaufsproduktion bestimmen, und dieser wird auf die einzelnen Teilnehmer nach Maßgabe ihrer „Beteiligungsziffern" oder „Quoten" prozentual aufgeteilt, wie auch der Gesamterlös (in mannigfachen Formen) nach Maßgabe der Beteiligungslieferungen verteilt wird. Der Marktbeherrschung kann man hier recht nahekommen. —

Vielleicht noch mannigfaltiger ist die Gestaltung der Konzerne. Als gemischte Werke im engeren Sinne des Wortes, die eine Sonderstellung einnehmen, pflegt man solche Unternehmungen zu bezeichnen, bei denen eine Mehrzahl von Betriebsstätten durch verschiedene Produktionsstufen hindurch zu einer geschlossenen Rechtspersönlichkeit zusammengefaßt werden und nun nach straff einheitlichem Arbeitsplan — dies ist das Entscheidende — je in ihrer Tätigkeit auf gegenseitige Ergänzung eingestellt sind. Der eine Betrieb produziert im wesentlichen (nicht immer ausschließlich), was der dazu gehörige Betrieb der nächsten Stufe verarbeitet, und dieser Betrieb verarbeitet im wesentlichen, was der Vorbetrieb desselben Werks ihm in die Hand liefert (vertikale Kombination); nur am Anfang der ganzen Stufenreihe werden, wenn man nicht selbst auch sie produzieren kann, die Verarbeitungsstoffe vom

Markte her eingekauft, und erst am Schluß der ganzen Reihe werden die Fabrikate verkauft. Der einheitliche Kapitalaufbau bewirkt, auch wenn jeder Betrieb formell-buchmäßig nach Marktpreisen abrechnet, daß der Gewinn des ganzen Unternehmens aus der Differenz zwischen den letztlich erzielten Verkaufspreisen und der Summe sämtlicher Unkosten sich ergibt. Dem Ziel der Marktunabhängigkeit ist man nahe gekommen (z. B. Spinn-Webereien, Zechen-Hütten-Stahlwerke; die Untergesellschaften des nordamerikanischen Stahltrusts und der deutschen Vereinigte Stahlwerke A.-G.).

Den letzten, noch möglichen Schritt zum Ziel der Marktunabhängigkeit bedeutet es, wenn in denjenigen Stufen der Fabrikation, aus denen das gemischte Werk als Verkäufer an den Markt herantritt, in horizontaler Kombination mehrere Betriebsstätten so nebeneinander stehen, daß aus dem gleichen Vorstufenstoff im ganzen eine bunte Mannigfaltigfaltigkeit von Verkaufsobjekten hergestellt wird. Man ist dann im Verkaufsergebnis von den Konjunkturschwankungen des einzelnen Objekts wesentlich unabhängiger, als wenn man immer nur mit ein und demselben Objekt an den Markt herantrete.

In dieser horizontalen Kombination läßt sich aber auch das Ziel der Marktbeherrschung ansteuern: das gemischte Werk geht dann darauf aus, alle Betriebe, welche die gleichen Objekte herstellen, sich einzugliedern und den Verkauf dieser Objekte einheitlich zusammenzufassen. Das ist die Abwandlung eines Syndikats, als der genossenschaftlichen Vereinigung mehrerer Selbständigkeiten, zu einer geschlossenen Gesamt-Unternehmung, deren einzelne Glieder nur noch Teilcharakter haben (z. B. *Standard Oil*-Gruppe, nordamerikanischer Stahltrust, Vereinigte Stahlwerke A.-G., Interessengemeinschaft Farbenindustrie A.-G., Siemens-Schukkert-Werke).

Tatsächlich ist jedoch nach allen bisherigen Erfahrungen weder das Ziel der Marktunabhängigkeit noch das der Marktbeherrschung auf diesem Wege wirklich zu erreichen, und in den bei weitem meisten Fällen begnügt man sich von vornherein mit wesentlich geringfügerer Zielsetzung. Es kommt z. B. zu Interessengemeinschaften *(pools)*, bei denen die Teilunternehmungen, ohne ihre rechtliche und tatsächliche Selbständigkeit aufzugeben, sich gegenseitig über Art und Umfang ihrer Produktion unterrichten, Patente und Betriebserfahrungen miteinander austauschen, sich vielleicht (!) auch über die Aufnahme neuer Produktionsaufgaben untereinander verständigen und für ihre Produktion ganz oder teilweise eine gemeinsame Verkaufs-Organisation sich schaffen. Ein gegenseitiger Gewinnausgleich bricht dem noch bestehen bleibenden Wettbewerb die wirtschaftliche Spitze ab (so die Interessengemeinchaft der Teerfarben-Industrie, ehe sie zu einer einzigen Aktiengesellschaft sich zusammenschloß).

In anderen Fällen streben zwar die Teilunternehmungen danach, in ihrer Betriebsgestaltung sich gegenseitig zu ergänzen, lassen sich jedoch von diesem Gedanken nicht entscheidend bestimmen; jeder Betrieb produziert dann im wesentlichen weiter, wie er schon vor dem Abschluß der Interessengemeinschaft gearbeitet hat, und deckt aus dieser Produktion in erster Linie den entsprechenden Bedarf der anderen Unternehmungen der Gemeinschaft, wie diese umgekehrt mit ihrem Bedarf sich in erster Linie an die anderen Betriebe zwecks Einkauf wenden (so der Konzern Siemens-Rheinelbe-Schuckert-Union). Nicht selten liegt der Hauptton allein auf dem Kapitalausgleich. Und was der Möglichkeiten mehr sind, wie verschiedene Unternehmungen sich gegenseitig unterstützen und nach gleichmäßigem Gewinn streben. —

3. Der unendlichen Mannigfaltigkeit im Inhalt der Konzerne steht ein buntes Durcheinander der **Rechtsformen** gegenüber. Da werden Dachgesellschaften errichtet *(holding-companies)*, die das ganze Kapital der Teilunternehmungen in sich aufnehmen und dafür eigene Kapitalanteile ausgeben (Stahltrust, I. G. Farbenindustrie A.-G.). Es kommen aber auch Dachgesellschaften vor, die nur mit ganz ge-

ringem Eigenkapital ausgestattet sind, während die Teilunternehmungen nach wie vor die Träger des Kapitalaufbringens bleiben und demgemäß auch das Kapital der Dachgesellschaft unter sich aufteilen (Siemens-Schuckert-Werke). Oder die Teilunternehmungen werden zu *holding companies* umgebildet, die ihren Betriebsbesitz an die neue Konzernunternehmung abtreten und dafür einen entsprechenden Anteil an deren Kapital erhalten, während ihre eigenen Aktionäre formell nach wie vor die Aktien der Teilunternehmungen behalten (Vereinigte Stahlwerke A.-G.).

Oft begnügt man sich auch, ohne überhaupt eine besondere Konzernunternehmung zu gründen, mit einem Aktienaustausch zwischen den beteiligten Werken, oder das führende Unternehmen erwirbt Anteile *(controlling interest)* bei den anderen Gesellschaften. Endlich beruhen Konzernbildungen aber oft auch auf der nackten Tatsache, daß ein einziger Kapitalist oder eine kleine, in sich eng zusammenhängende Kapitalistengruppe, eine Anzahl von Unternehmungen (etwa durch Aktienmehrheit) „kontrolliert" und nun vom Verwaltungs- oder Aufsichtsrat her, ohne daß besondere Verträge zwischen diesen Unternehmungen abgeschlossen werden, die Geschäfte aller dieser Werke im Sinne der Einheitlichkeit leitet oder beeinflußt (zeitweise der *Standard-Oil*-Trust, immer der sogenannte Privatkonzern Stinnes).

Ein *gentleemen's agreement*, dem womöglich die Rechtsgültigkeit fehlt, sichert unendlich häufig das Zusammenarbeiten mehrerer Unternehmungen in mindestens der gleichen Weise, wie nur irgend ein ausführlicher Vertrag, der nach allen Regeln der Rechtskunst abgeschlossen ist. —

4. Fragen wir nun, welche Bedeutung bisher in den verschiedenen Ländern und Wirtschaftszweigen die Kartelle und Konzerne erlangt haben, so stoßen wir wiederum auf eine unendliche **Mannigfaltigkeit** der Erscheinungen. Nirgends aber kann die Rede davon sein, daß etwa das ganze Gebiet der Wirtschaft bereits von zusammenfassenden Organisationen beherrscht werde.

Ein so riesiges und bedeutsames Arbeitsfeld, wie die Landwirtschaft in allen ihren Zweigen ist überall in der Welt sowohl der Produktion als auch dem Absatz nach so gut wie völlig auf Individualbetrieb gestellt; sogar die wenigen Aktiengesellschaften, die es da schon gibt, haben durchweg nur die Rechtsform und nicht etwa den wirtschaftlichen Inhalt der Kapitalienakkumulation übernommen. Diejenigen Industriezweige, die sich mit der Herstellung individueller, dem Einzelgeschmack angepaßter Feinwaren befassen, zeigen allenthalben das gleiche Bild. Und schließlich sind auch der Groß- und der Einzelhandel, wo sie nicht unmittelbar an Industriekartelle oder Industriekonzerne angegliedert sind, zumeist noch dem Zusammenschluß entzogen. Die weitaus vorherrschende Regel ist für alle Länder, daß der Wettbewerb des Marktes das Leben der einzelnen Wirtschaftszweige und der in ihnen tätigen Unternehmungen beherrscht.

Sogar in denjenigen Wirtschaftszweigen, in denen die festen Anlagen eine besonders scharfe Betonung finden und deshalb Zusammenschlüsse kompakter Natur schon zu erheblichem Umfange und zu hoher Intensität gediehen sind (Eisenbahn und Seeschiffahrt, Telegraphen und Kabel, Bergbau und Schwereisen-Industrie, Großmaschinenbau, Industrie der Schwerchemikalien usw.) ist es zu absoluten Monopolgebilden bisher nur ganz vereinzelt gekommen. So haben zwar in allen Ländern, in denen noch das Privatkapital die Eisenbahnen beherrscht (Großbritannien, Ver. Staaten von Amerika), sich gewaltige Unternehmungskomplexe aus den ursprünglichen Wettbewerbskämpfen heraus entwickelt, und überall tritt eine Tendenz deutlich hervor, durch räumliche Abgrenzung der Herrschaftsgebiete jedem einzelnen Komplex einen Monopolbereich zuzuführen — am stärksten in den Vereinigten Staaten, wo es vielfach am Enteignungsrecht fehlt; aber erst der staatliche Zwang, der in und nach dem Kriege ausgeübt worden ist, hat die wirkliche Abrundung der „Eisenbahn-Hoheitsgebiete“ herbeigeführt, und es bleiben allenthalben Reibungsflächen genug übrig, um auch nach Beilegung der Tarifkämpfe mit Hilfe technischer Leistungen und des Fahrplans doch noch den Wettbewerb von Eisenbahn zu Eisenbahn zu führen. In der Seeschiffahrt vollends gibt das freie Meer allzu leicht die Möglichkeit, daß die Reedereien der Trampschiffahrt die Verbände der Linienschiffahrt (Konferenzen und *pools)* durchkreuzen und daher von vornherein den Monopolgedanken nicht aufkommen lassen. Sogar die Kabel-Unternehmungen der verschiedenen Länder, obwohl die Verleihung des Landungsrechts sie an das Monopolelement des Grund und Bodens bindet, machen sich gegenseitig den Rang und den Verkehr streitig — der größte Konzern auf diesem Gebiet, die *Eastern Telegraph Co.*, die an vielen Stellen der Erde ein gesetzliches oder vertragliches Landungsmonopol besitzt, sieht sich durch das kombinierte Vorgehen von anderen Kabelgesellschaften und Landtelegraphen tatsächlich in den Wettbewerb hineingestellt. Wie stark die Erdöl-Gewinnung, obwohl sie an den meisten Stellen ihres Wirkens auf lokalem Monopolgrunde steht, über die Erde weg ein Kampfobjekt ist, das tief in die staatliche Politik hineinwirkt, ist allgemein bekannt; besonders bezeichnend ist aber, daß die *Standard Oil*-Gruppe gerade in den Vereinigten Staaten es niemals zu einem vollkommenen Monopol gebracht hat. Ebenso darf die *United States Steel Corporation* weder als marktbeherrschend noch als marktunabhängig bezeichnet werden; obwohl sie anerkannt die besten Kokskohlen-Vorkommen und die wichtigsten Eisenerzlager besitzt und von hier aus bis zu den fertigen Stahlfabrikaten alle Fabrikationsstadien in sich birgt, dazu noch in engster Finanzverbindung mit bedeutsamen Eisenbahnlinien steht, braucht sie den freien Markt auf allen Stufen als Käufer und Verkäufer und ist ihr Anteil an der Gesamtstahlproduktion Nordamerikas seit ihrer Errichtung recht beträchtlich gesunken. Die vielen „Trusts" der Vereinigten Staaten, die in vertikaler und horizontaler Kombination auf stärkstes Herunterdrücken der Produktionskosten ausgehen, zeigen das Fehlen der Monopolmacht allein schon darin, daß fast in jedem Wirtschaftszweig mehrere solcher Riesengebilde nebeneinander stehen.

II. Kartelle und Konzerne in Deutschland.

An einigen Wirtschaftszweigen, die für die Gesamtentwicklung repräsentativ sind und daher allgemeingültige Schlüsse zulassen, seien diese Bemerkungen noch näher erläutert. Naturgemäß gehe ich hier auf die deutschen Verhältnisse ausführlicher ein, da ich sie leichter als die Erscheinungen des Auslandes auf ihre Gründe zurückzuführen vermag. Da aber Deutschland in der Welt als das Land der Kartelle gilt und auch in der Konzernbildung immerhin verhältnismäßig weit vorgeschritten ist, so dürfte auch sachlich eine derartige Beschränkung ihre Berechtigung haben. Daneben wird aber ein Blick auf das Ausland, so vorsichtig er genommen werden muß, zur Aufhellung der allgemein wirtschaftlichen Entwicklungslinie beitragen müssen; zumal meiner Auffassung nach die letzten Gründe der wirtschaftlichen Erscheinungen nicht in den materiellen Gegebenheiten, sondern im seelischen Untergrund der führenden Persönlichkeiten zu suchen sind. —

1. Die **Eisenbahnen**, die dank ihrer Bau- und Betriebstechnik überall in der Welt die größten Kapitalmassen je in ihren Unternehmungen konzentriert haben und dank der Abhängigkeit von der Bodenfläche das stärkste natürliche Monopolelement in sich tragen, schalten für Deutschland allerdings aus der Betrachtung aus; sie sind verhältnismäßig früh der rein natürlich-wirtschaftlichen Entwicklung ihrer Organisation durch die Verstaatlichung entzogen worden. Immerhin ist auch hier zu erwähnen, daß die Verstaatlichung, da sie nicht zugunsten des Reichs erfolgt ist, trotz einheitlicher Betriebsvorschriften und einheitlicher Generaltarife keineswegs den Wettbewerb der einzelstaatlichen Bahnsysteme beseitigt hat. Mit Hilfe von Ausnahmetarifen, die nur für bestimmte Transportbeziehungen gelten, sind sogar Tarifkämpfe ausgefochten worden, und vollends haben die Fahrpläne wie auch Instradierungsmaßnahmen stets dazu gedient, die Vorteile der großen Systeme zu nachhaltiger Geltung zu bringen.

In Deutschland ist auch immer darüber geklagt worden, daß die staatlichen Eisenbahnen gerade in ihrer Tarifpolitik viel zu wenig von den allgemein wirtschaftlichen Interessen und viel zu stark von privatwirtschaftlichen Rücksichten sich hätten leiten lassen. In der Tat gibt es sonst in der Welt kein ähnlich großes Eisenbahnunternehmen, das nach dem Vorgang der preußischen Staatsbahnen ganz regelmäßig nach großen Abschreibungen noch eine Kapitalrente von 6—7 % seinen Besitzern abgeworfen hat. Erst nach dem Weltkriege hat das Reich den Eisenbahnbesitz der einzelnen Länder in seiner Hand vereinigt; es bleibt abzuwarten, ob die private Verwaltung dieses großen Netzes, die nach Maßgabe des Dawes-Gutachtens eingerichtet worden ist, zu ähnlichen Finanzerfolgen führen wird. —

In scharfem Gegensatz zu den Eisenbahnen hat die deutsche Seeschiffahrt sich niemals einer wesentlichen Förderung durch den Staat erfreut. Die Speicheranlagen Hamburgs und die gesamten Hafenanlagen Bremens werden von Gesellschaften verwaltet, die trotz des staatlichen Anteils darauf angewiesen sind, aus den Benutzungsgebühren den vollen Betrag ihrer Unkosten herauszuwirtschaften. Laufende Subventionen, wie sie namentlich Frankreich, Italien und Japan, in geringerem Umfang aber auch Großbritannien ihren Schiffsgesellschaften entrichten, hat das Reich nur in verschwindend geringem Umfange und nur gegen so drückende Gegenleistungen gewährt, daß die Hamburg-Amerika-Linie, die einige Jahre hindurch an einer subventionierten Linie beteiligt war, sich schleunigst wieder daraus zurückgezogen hat. Auch die besonderen Seehäfen-Ausnahmetarife der preußischen Eisenbahnen hielten sich stets in sehr engen Grenzen der Frachtermäßigung und fielen aus dem Rahmen, wie er in England und Frankreich, vollends in den Vereinigten Staaten für Ausfuhrgüter im Gegensatz zum Inlandsverkehr allgemein gilt, keineswegs heraus. Auch die Auswanderer-Kontrollstationen, die an den östlichen Grenzen Deutschlands errichtet waren, hatten nur die Bedeutung, die schon in der Fremde angeworbenen

Wanderer gesundheitlich zu untersuchen und vor Ausbeutung zu schützen; einen Einfluß auf die Wahl des Auswanderungshafens und der Seeschiffahrtslinie konnten sie nur in geringem Maße entfalten, da die Konkurrenz der Werbungsagenten bekanntlich in der Heimat der Auswanderer am stärksten sich geltend macht.

Trotzdem haben Hamburg und Bremen bekanntlich vor dem Krieg die beiden größten Seeschiffahrts-Unternehmungen der Welt hervorgebracht, die alle beide vom Nordamerika-Verkehr her schließlich fast zu den größten gemischten Werken der Welt gehörten. Beide Gesellschaften, wie sie an den *pools* der Nordamerikafahrt und an den Tarifkonferenzen der sonstigen internationalen Seeschiffahrt regelmäßig beteiligt waren, hatten sich auch untereinander vielfach kartellmäßig verbunden, und sie waren geradezu zu Mittelpunkten einer starken Kartellbewegung in ihren Heimathäfen geworden. Dennoch hielten sie selbst ebenso wie die anderen Großreedereien deutscher Flagge eifersüchtig ihre Selbständigkeit gegeneinander fest, und zwar keineswegs nur formell, sondern sehr nachhaltig in ihrer ganzen Fahrtenpolitik. Immer wieder ist es sogar zu Tarifkämpfen gekommen, weil der Ausdehnungsdrang der einzelnen Unternehmer an den räumlichen Grenzen der anderen Betätigungsfelder nicht Halt machen wollte.

Der Zustand in der deutschen Seeschiffahrt unterschied sich also nicht im leisesten von den Verhältnissen der englischen Schiffahrt, während Frankreich allerdings mit seiner staatlichen Subventionierungspolitik und seiner Zollbevorzugung des direkten Verkehrs *(surtaxe d'entrepôt)* den Gesellschaften seiner Flagge einen beträchtlichen Vorsprung im internationalen Wettbewerb immer hat verschaffen wollen.

Das freie Weltmeer steht dem Aufbau von Monopol-Unternehmungen im allgemeinen feindlich gegenüber. —

2. An das Monopolelement des Grund und Bodens kommen wir dagegen beim **Bergbau** wieder heran. Es ist aber anders gestaltet wie etwa bei den Eisenbahnen.

Diese nehmen den Boden lediglich als Fläche in Anspruch und damit in einer Ausdehnung, die nun einmal auf bestimmten Raum nicht ausgeweitet werden kann. Der Bergbau dagegen dringt auch in die Tiefe vor, greift also in die obere Erdschicht dreidimensional ein und ist damit sehr wohl über den jeweiligen Stand der Beanspruchung hinaus noch wesentlicher Erweiterungen fähig; und damit birgt er die Möglichkeit überraschender Neuentdeckungen in sich, die schon manches Monopol in Deutschland rasch als Schein enthüllt haben.

Am deutlichsten ist diese Wirkung beim deutschen Kalibergbau zutage getreten; und wennschon dessen wirtschaftliche Bedeutung meist weit überschätzt wird — die Kaliproduktion hat im alten Deutschland niemals einen Wert von rund 200 Millionen Mark, die Kaliausfuhr sogar nie den Wert von 60 Millionen Mark überschritten — so ist er doch für unsere Erkenntnis der Organisationstendenzen von besonderer Wichtigkeit. Bis zur Abtretung des Elsaß gab es bekanntlich abbauwürdige Kalilager nur in deutscher Erde; ursprünglich sogar nur in einem ganz engen Bezirk von Mitteldeutschland. Auf dieser Grundlage hat sich früh ein straffes Syndikat gebildet, das die Gesamtmenge der Kaliproduktion zu einheitlichem Verkauf zusammenfaßte und es auch bis zum Ende des vergangenen Jahrhunderts immer verstand, die neu entstehenden Bergwerke zu sich heranzuziehen und den Gesamtabsatz in Einklang mit der Produktionsfähigkeit seiner Mitglieder zu halten. Die Höhe und Gleichmäßigkeit der Preise bewirkte jedoch um die Jahrhundertwende, daß in zunehmendem Maße nach neuen Kalilagern gesucht wurde, die man dann auch in weitem Umkreis um die alten Gewinnungsstätten fand, und daß binnen wenigen Jahren die Förderfähigkeit der neu entstehenden Werke weit über alle Absatzmöglichkeiten hinauswuchs. Das Syndikat hielt trotzdem an seinen hohen Preisen fest. Die Zahl der Werke vermehrte sich immer stärker, und es wäre von den alten Werken her, die ihre festen Anlagen immer weniger ausnutzen konnten, zur Sprengung des Syndikats gekommen, wenn nicht das Reich ein Zwangssyndikat geschaffen hätte (1910).

Da in der Folgezeit trotz aller Vorbeugungsmaßnahmen die Zahl der neu entstehenden Werke immer weiter zunahm — heute gibt es an die 250 Schächte —, so sind die Gegensätze immer schärfer geworden, bis schließlich das privatwirtschaftliche Interesse sich auf einem anderen Wege half: der Kalibergbau Deutschlands zeigt in den letzten Jahren eine Konzernbildung von solcher Intensität, wie sie sonst kaum ihresgleichen findet. Zwei Gruppen beherrschen mehr als 90 % der Produktionsmöglichkeiten; die nächst große Gruppe, der preußische Fiskus, bringt es noch nicht einmal auf 6 %, und der Rest sind Kleinigkeiten. Die beiden großen Gruppen bringen jetzt ihre tatsächliche Förderung mit der Absatzmöglichkeit dadurch in Einklang, daß sie die bei weitem meisten Bergwerke stille legen und ihre Arbeit auf einige wenige, hochleistungsfähige Betriebe konzentrieren. Die Gestehungskosten werden so zwar um die Verzinsung der nicht ausgenutzten Kapitalien erhöht; aber das ist immer noch vorteilhafter, als wenn alle Betriebe nur mit einem Bruchteil ihrer Leistungskraft wirklich in Arbeit stünden. Für das Syndikat bedeutet diese Gruppenbildung aber natürlich eine große Gefahr. Noch deutlicher als früher tritt heute zutage, daß ausschließlich der staatliche Zwang das Syndikat zusammenhält. —

Im Kohlenbergbau Deutschlands hat es ebenfalls immer Kampf gegeben, und bis zum heutigen Tage ist es trotz des staatlichen Drucks (Kohlenwirtschaftsgesetz des Reiches von 1919) weder zu einer einheitlichen Absatzpolitik noch gar zu organisatorischer Einheitlichkeit gekommen.

Schon in der Steinkohlengewinnung stehen bekanntlich mehrere Reviere in starker Gegensätzlichkeit einander gegenüber: der Westen, wo das Ruhrsyndikat mit den Aachener Zechen und dem fiskalischen Saarbergbau wenigstens in der Preisgestaltung enge Fühlung halten konnte, — Oberschlesien, das nach Lagerung und geschichtlicher Entwicklung völlig andere Verhältnisse aufweist, — Niederschlesien, das wiederum anders aufgebaut ist, und endlich Sachsen mit ebenfalls ganz eigenartigen Grundlagen. Hierzu ist in den letzten beiden Menschenaltern noch der Braunkohlen-Bergbau getreten, der an drei Stellen (Rheinland, Mitteldeutschland westlich der Elbe, Ostdeutschland) erhebliche Bedeutung hat.

Alle diese Reviere haben ihre besonderen, in den wichtigsten Punkten voneinander abweichenden Organisationen sich aufgebaut; den straffen Steinkohlensyndikaten an der Ruhr und in Niederschlesien steht Oberschlesien — um nur die wichtigsten Unterschiede anzuführen — mit einer ganz losen Preiskonvention gegenüber. Das rheinische Braunkohlen-Brikett-Syndikat, in sich noch straffer gefügt als der Ruhrverband, betont der Außenwelt gegenüber die Selbständigkeit des Großhandels wesentlich stärker als dieses und hat sich dadurch ein größeres Maß von Initiative bewahrt. In Mitteldeutschland aber ist sogar das Zwangssyndikat der Braunkohle nicht viel mehr als eine statistische und eine Verwaltungs-Stelle, da die den Bergbau beherrschenden Großhandels-Firmen (zum Teil böhmischer Herkunft) es zu geschlossener Absatzgestaltung nicht kommen lassen.

All diese Verbände und auch die nicht besonders angeführten Syndikate machen sich die Absatzfelder noch immer aufs heftigste streitig, obwohl das Kohlenwirtschaftsgesetz für die Preisfestsetzungen im Reichskohlenrat eine oberste Einheitsstelle geschaffen hat. So kommt es, daß für das Ruhrsyndikat z. B. der Begriff des „bestrittenen Gebiets" keineswegs nur das Ausland und diejenigen deutschen Bezirke, in die auch englische Kohle regelmäßig hereinkommt, sondern darüber hinaus ganz Ostdeutschland östlich der Elbe umfaßt, wo auch Niederschlesien und vor allem Oberschlesien hart mit ihm um den Markt kämpfen, wo außerdem von Ost- und Mitteldeutschland und von Böhmen her die Braunkohle schon lange der Steinkohle das Feld streitig macht. Selbst so ist der Begriff eigentlich noch zu eng gefaßt; denn seit reichlich einem Menschenalter ist das rheinische Braunkohlen-Industriebrikett unmittelbar in das Ruhrgebiet eingedrungen und hat dort zunehmend Fuß gefaßt.

All diese Syndikate werden zudem von inneren Gegensätzen scharf durchzogen und in ihrem Bestande dauernd gefährdet. Gerade das Rheinisch-Westfälische Kohlensyndikat bestände z. B. schon längst nicht mehr, wenn nicht seit dem Jahre 1915 die Reichsregierung immer wieder seine Erneuerung erzwungen hätte. Auch hier hat die Preisbeständigkeit, obwohl das Ruhrsyndikat eine viel vorsichtigere Preispolitik befolgt hat als etwa das Kalisyndikat, im ersten Jahrzehnt des laufenden Jahrhunderts in beträchtlicher Fülle neue Kohlenwerke zur Entstehung kommen lassen, die als Außenseiter dem Syndikat große Schwierigkeiten bereitet haben. Ferner ist der Gegensatz zwischen den reinen Zechen, die ihre Kohle und ihren Koks nicht selbst weiter verarbeiten, und den mit Hütten und Stahlwerken verbundenen Zechen niemals wirklich überbrückt worden; heute steht er wieder mit im Vordergrund der Kämpfe, die das Syndikat nicht zur Ruhe kommen lassen. Dabei deckt er sich keineswegs mit der weiteren Zwiespältigkeit, die zwischen den hochleistungsfähigen Zechen und denen veralteter Betriebsweise und ungünstiger Lagerungsverhältnisse besteht; allerdings hat dieser in jüngster Zeit an Gewicht stark verloren, da auch hier die fortschreitende Gruppenbildung zur Stillegung kleinerer Bergwerke in beträchtlichem Ausmaß geführt hat und noch führt. In aller Schärfe bestehen geblieben ist jedoch die Interessendivergenz, die sich aus der verschiedenartigen Betonung der mannigfachen Kohlensorten bei den verschiedenen Syndikatsmitgliedern ergibt. Und neu wieder hinzugekommen ist der Streit um die Stellung des Kohlenhandels, den man für ein Menschenalter als begraben ansehen durfte. Alles dies sind Unstimmigkeiten, die zur Zeit flottgehenden und sich ausweitenden Absatzes nicht entscheidende Bedeutung haben, die aber in kritischen Zeiten notwendig einer befriedigenden Lösung gewaltige Schwierigkeiten bereiten.

Auch hier helfen sich die Großunternehmungen, die

schon auf eine breite Basis sich stützen, durch zunehmende Kombinationen: von den mehr als 120 Zechen-Unternehmungen, die bei der Errichtung des Ruhrsyndikats (1893) bestanden haben, hat heute nur wenig mehr als ein Viertel seiner Selbständigkeit behalten; die höchste Leistungsfähigkeit, die bei der Gründung auf knapp 3 Millionen Tonnen beziffert wurde, ist jetzt bei dem größten reinen Kohlen-Unternehmen auf rund 10 Millionen Tonnen angewachsen und wird natürlich von der Vereinigte Stahlwerke A.-G. noch weit übertroffen, die rund ein Drittel der Gesamtbeteiligung repräsentiert; Mitglieder von weniger als 1 Million Tonnen Jahresleistung gibt es nur noch ganz wenige an der Ruhr, während bei der Gründung des Syndikats rund 90 % der Mitgliederzahl unter dieser Grenze geblieben sind.

3. Noch weniger als im Bergbau ist naturgemäß in den anderen Industriezweigen von absoluten Monopolien zu sprechen. Sogar der deutsche **Stahlwerksverband**, der seit 1904 die großen Werke der Schwereisen-Industrie für den Verkauf ihrer Massenfabrikate (als Produkte A bezeichnet) zu einem straffen Syndikat vereinigt hatte und hierbei — was für Kohle nie gelungen ist — die Werke von Rheinland-Westfalen mit denen von Oberschlesien und der Seeküste vereinigte, konnte für die feineren Objekte (die sogenannten Produkte B), darunter aber schon alles Stabeisen, nicht einmal die lose Kontingentierung der Produktionsgrößen festhalten, die er ursprünglich dafür vorgesehen hatte; seine eigenen Mitglieder haben vom Anfang an lieber für die Überschreitung ihrer Kontingente die beträchtlichen Konventionalstrafen gezahlt, als daß sie sich in ihrer Entwickelung zur Verfeinerung hin vom Verbande hemmen ließen. Vollends erwies sich die Leistungsfähigkeit der außerhalb des Verbandes gebliebenen, die Verfeinerung allein betreibenden Werke als viel zu groß und hoch, als daß diese Unternehmungen vom Verbande her hätten erschüttert werden können. All diese Mannigfaltigkeiten aber unter einen

Hut und auf einen Nenner zu bringen, war erst recht unmöglich.

Auch die Nachkriegs-Gründung der Rohstahl-Gemeinschaft umfaßt nur die großen Werke der Massenfabrikation, und auch diese nur in loser Verbindung, und sie ist mit ihren Bestrebungen, für die einzelnen Warengruppen feste Verkaufsverbände zu errichten, über die Massenfabrikation nicht hinausgekommen. Die Arbeitsgemeinschaft der eisenverarbeitenden Industrie, die namentlich den Maschinenbau und die Kleineisen-Industrie umfaßt, steht ihr bei aller Fühlung, die man gegenseitig hält und die schon in manchen Verträgen sich ausgewirkt hat, doch mit ausgesprochen andersartigen, zum Teil entgegengesetzten Interessen gegenüber; jedenfalls aber als ein völlig selbständiges Gebilde, das nicht einmal in sich selbst Kartell- oder Konzern-Charakter trägt. Von einer Zusammenfassung der gesamten eisenschaffenden und eisenverarbeitenden Industrie, von Marktbeherrschung ist also in Deutschland nicht im leisesten die Rede.

Dagegen sind die Konzerne der Stahl-Industrie, deren größter jetzt in der Vereinigte Stahlwerke A.-G. gebildet worden ist (Aktienkapital 800 Millionen Mark), ihrem Ziel der Marktunabhängigkeit in recht erheblichem Grade nahe gekommen. Sie verfügen alle über ausreichenden Kohlenbesitz, um weder Kohlen noch Koks hinzukaufen zu müssen; als Verkäufer sind sie allerdings am Rheinisch-Westfälischen Kohlensyndikat und am oberschlesischen Verband beteiligt, wie sie auch Kohle in Gestalt von elektrischer Kraft und von Gas regelmäßig verkaufen. Für den eigenen Erzbesitz, der den Ruhrwerken durch die Abtrennung der lothringischen und luxemburgischen Gruben, den oberschlesischen Unternehmungen durch die Erschöpfung der dortigen Läger genommen worden ist, haben beide Gruppen Ersatz im Abschluß von langfristigen Lieferungsverträgen mit ausländischen Gruben, sowie im Übergang zur Schrottverwendung gefunden. Die Verarbeitung haben sie ausnahmslos so weit in die Verfeinerung hineingetrieben, wie diese mit der Technik der Massenarbeit noch zu bewältigen ist, zum Teil sogar darüber hinaus in die Sphäre einer schon mehr individuellen Produktion. Sie haben durchweg auch die Arten der Verkaufsobjekte so gehäuft, daß ein einzelner Konjunkturen-Umschwung sie nicht aus dem Gleichgewicht bringt. Und dennoch ist charakteristisch, daß gerade der größte Konzern, die Vereinigten Stahlwerke, die Maschinenbau-Anstalten seiner Teilunternehmungen aus der Konzernbildung herausgenommen und an einen schon bestehenden, von ihr unabhängigen Maschinenbau-Konzern abgetreten hat. In die ausgeprägte Fein- und Individual-Arbeit ragt keiner dieser Riesen hinein. —

4. Endlich noch ein Wort von der **chemischen** und von der **Textil-Industrie,** weil auch deren Aufbau vielfach mißverstanden wird.

Gewiß hat die Teerfarben-Fabrikation und die sonstige Verarbeitung des Steinkohlenteers sich ein gewaltiges gemischtes Werk neuerdings in der Interessengemeinschaft Farbenindustrie A.-G. geschaffen, und die Sprengstoff-Herstellung hat den Konzern der Köln-Rottweiler-Pulverfabriken aufgebaut. Beide sind jetzt miteinander verschmolzen und je auf ihren Arbeitsgebieten von überragender Bedeutung. Beide sind jedoch nicht etwa rohstoff-unabhängig, da auch der Besitz der Farben-I.-G. an Steinkohlen- und Braunkohlen-Gruben ihr nur zur Lieferung der Heizstoffe, nicht etwa des Teers dient.

Vor allem gibt es neben der I. G. Farbenindustrie noch immer recht wichtige Selbständigkeiten, die sogar Teerfarben und andere Teerprodukte fabrizieren, und neben dem Pulvertrust besteht noch ein zweiter Konzern gleichen Arbeitsinhalts. Luftstickstoff wird ebenfalls nicht nur von der I. G., sondern noch von einem zweiten Unternehmen großen Stils gewonnen; und in der Kunstseiden-Fabrikation ist es trotz aller Konzentration wichtiger Unternehmungen zu einer restlosen Zusammenfassung in der I. G. auch noch nicht gekommen. Die ganze Industrie der sogenannten Kleinchemikalien endlich (Erd- und Metallfarben, Desinfektions- und Heilmittel, ätherische Öle, Holzverkohlung usw.) ist zu größtem Teil außerhalb der I. G. geblieben und allem Anschein nach sowohl technisch, als auch wirtschaftlich zu fest fundiert, als daß sie zur Aufsaugung sich hergeben müßte. In diesen selbständigen Unternehmungen stecken zusammen mehr Kapital- und Arbeitskräfte, als in der I. G. und ihrem ganzen Konzern. Die deutsche chemische Industrie also, wie es meist geschieht, schlechtweg mit dem Teerfarben-Trust zu identifizieren, widerspricht den offenkundigen Tatsachen.

Daher bestehen auch gerade in der chemischen Industrie so unendlich viele und mannigfaltige Kartelle. Bei den weitaus meisten scheint es sich um Preiskonventionen zu handeln. Erst neuerdings — und das hängt in der Tat mit der Straffung der Teerfarben-Interessengemeinschaft zusammen — treten auch Kontingentierungs-Verträge auf; wenigstens bei solchen Artikeln, die trotz aller Patente den Charakter von Massenwaren angenommen haben. Nicht zuletzt die Geheimnisse der Fabrikation, die auf der Wissenschaftlichkeit der Erfinderarbeit und damit auf der festesten Monopolunterlage beruhen, sind der Grund, warum auch lose Kartelle hier schon früh als widerstandskräftig gegen Konjunkturendruck erwiesen haben. Die chemische Industrie ist vielleicht derjenige Wirtschaftszweig, in dem bei aller Selbständigkeit unendlich vieler Unternehmungen doch vom Wettbewerb am wenigsten übrig geblieben ist. —

Die deutsche Textil-Industrie ist vollends ein Feld, auf dem bunteste Mannigfaltigkeit der Organisationsformen besteht. Gemischte Werke und losere Konzerne gibt es zwar in der Baumwoll- und in der Wollverarbeitung; sie bilden jedoch hier keineswegs die Regel, haben auch noch nicht ein irgend erkennbares Übergewicht erlangt. In der Herstellung feinerer Gewebe und Tuche überwiegen vielmehr unzweifelhaft noch immer jene Unternehmungen, die auf eine einzige Betriebsart sich beschränken. Erst recht ist das der Fall in den anderen Zweigen der Textil-Industrie — ausgenommen der Jute-Industrie, die dank der Derbheit ihrer Fabrikate schon völlig den gemischten Werken anheimgefallen ist.

Charakteristisch für die ganze Textil-Industrie ist aber, daß sie von unendlich vielen Kartellen durchzogen ist; nur daß diese fast durchweg in ganz losen Preiskonventionen und in Verabredungen über die Nebenbedingungen der Kaufverträge bestehen und nur in ganz wenigen Fällen zu einiger Straffheit gelangt sind. Früher pflegte man gerade diese Vereinbarungen der Textil-Industrie als „Mogelkartelle" zu bezeichnen, weil sie ihren Teilhabern nur allzu leicht die Möglichkeit ließen, unter dem Druck einer Marktdepression sich den Bindungen zu entziehen. In der Nachkriegszeit haben sie etwas mehr Festigkeit erwiesen, da der allgemeine Kapitalmangel es zur Errichtung neuer Unternehmungen, dieser größten Feinde aller Kartellierung, nicht haben kommen lassen. Immerhin sind gerade auch aus der Textil-Industrie in großer Zahl Klagen vor das Kartellgericht gebracht worden, die eine Freistellung von den getroffenen Vereinbarungen beanspruchen. Ein sicheres Fundament für die wirtschaftliche Arbeit dieser Unternehmungen bilden also die Kartelle auch in der Textil-Industrie nicht. —

5. Die höchsten Formen der Konzentration, straffe Syndikate und enggeschlossene Konzerne von umfassendem Ausmaß und dauerdem Bestand, sind in Deutschland bisher nur auf der Grundlage gesetzlichen Zwanges und auch da nur vereinzelt zustande gekommen; Gegenkräfte von ausschlaggebendem Gewicht sind fast überall in ihrem Wirken zu beobachten. Wenn man also von mehr als 1000, vielleicht sogar 2000 Kartellen spricht, die es jetzt in Deutschland gebe, so handelt es sich dabei bis auf ganz wenige Ausnahmen um jene losen Zusammenschlüsse, die zwar die Atmosphäre des Marktes etwas reinigen, den Markt selbst jedoch als beherrschenden Faktor des Güteraustausches unangetastet lassen. Auch die Konzernbildung, so sicher sie in mannigfachen Wirtschaftszweigen mit wichtigen Beispielen hervorgetreten

ist und in der Schwerindustrie sogar vorherrscht, läßt sich keineswegs für das ganze deutsche Wirtschaftsleben als die geprägegebende Erscheinung ansprechen. Die individuelle Unternehmung, noch nicht einmal die Aktiengesellschaft oder die Gesellschaft mit beschränkter Haftung, und die Unternehmung, die nur eine Betriebsstätte umfaßt und dem Markte gegenüber in völliger Isolierung steht, gibt auch heute noch dem Bild der deutschen Wirtschaft seine Zeichnung und Farbe.

III. Der außerdeutsche Aufbau

1. Im Ausland — zunächst die einzelnen Länder für sich betrachtet — sieht es allem Anschein nach nicht wesentlich anders aus, wie in Deutschland. Allerdings besitzen wir noch keinen genauen Überblick über die Wirkungen, die der Krieg und die Nachkriegszeit gerade auf organisatorischem Gebiet in den fremden Ländern ausgelöst haben; der Zwang zur Zusammenarbeit, der überall von den Notwendigkeiten des Krieges und zu gutem Teil durch die Staatsverwaltungen direkt ausgeübt worden ist, hat sicherlich nicht nur bei den Eisenbahnen — wo wir es in Engand und in den Vereinigten Staaten deutlicher sehen können —, sondern auch in wichtigen Industriezweigen den Boden für Kartellierungen und mehr noch für Konzerbildungen in beträchtlichem Maße geschaffen.

Indes zeigt uns das, was wir etwa vom Steinkohlen-Bergbau und von der Stahlindustrie **England** schon wissen, recht deutlich und unverkennbar, daß es sich auch dort noch immer um vereinzelte Erscheinungen handelt, die keineswegs das Gesamtbild der wirtschaftlichen Organisation in wirklich wesentlichen Zügen umgeändert haben. Der Kohlenbergbau Englands setzt sich noch immer (nach der Feststellung des Untersuchungsausschusses von 1925) aus reichlich 2500 Gruben zusammen, die nicht weniger als 1400 selbständige Unternehmungen ausfüllen, und von denen etwa 2000 noch nicht einmal 500 Arbeiter und Angestellte je Betrieb beschäftigen. In der Eisen- und Stahl-Industrie haben die Konzerne zwar in den letzten Jahren sich recht erheblich ausgedehnt; in keinem einzigen Falle jedoch erreichen sie den Umfang der größten deutschen Gesellschaften, geschweige denn den des nordamerikanischen Stahltrusts, und neben ihnen bestehen noch immer mit ausschlaggebender Bedeutung die technisch konzentrierten Unternehmungen, die nur einen einzigen Betrieb oder allenfalls ganz wenige Stufen der Verarbeitung ihr Eigen nennen. Die für Deutschland und die Vereinigten Staaten so charakteristische Erscheinung, daß alle großen Stahlwerke ihre eigenen Kohlengruben besitzen, kommt in England nur ganz vereinzelt vor.

Ein völlig anderer Zug ist allem Anschein nach für das englische Wirtschaftsleben bezeichnend geblieben: die große Rolle, die auch innerhalb der Industrie der Großhandel innehat. Verglichen wiederum mit Deutschland, wo ein ähnlicher Aufbau nur ganz selten vorkommt, fällt in England auf, daß die industriellen Unternehmer in vielen Industriezweigen sich ganz ausschließlich auf die Leitung des eigentlichen Fabrikationsprozesses, auf die technische Seite ihrer Aufgabe beschränken und alles Kaufmännische, die Regelungen der Marktbeziehungen in Einkauf und Verkauf, besonderen Handelsfirmen überlassen, die diese Geschäfte kommissionsweise für das industrielle Unternehmen besorgen (in ähnlicher Weise, wie für zahlreiche Schiffahrtsgesellschaften Englands selbständige Maklerfirmen die ganze Betriebsführung in der Hand haben). Natürlich laufen dann Kapitalfäden von der Handels- zu der Industrie-Unternehmung und auch umgekehrt, und das Urbild eines Konzerns ist damit gegeben. Aber die Handelsfirma hat in diesen Fällen ein entscheidendes Interesse daran, daß das Kapital der industriellen Unternehmung nicht über einen Umfang ausgedehnt werde, der jener noch den entscheidenden Einfluß bewahrt, und da sie — wie überall in der Welt — gerade als Handelsfirma in der Ausweitung des eigenen Kapitals sehr eingeengt ist (große Aktiengesellschaften lassen sich für den Großhandel nicht bilden), so stemmt sie sich auch der Kapitalerhöhung des industriellen Unternehmens entgegen. Diese Macht des Handels geht soweit, daß die

Emissionstechnik Englands, soweit die Anteile inländischer Unternehmungen ihr Objekt sind, in bemerkenswerter Schwerfälligkeit und Unmodernität sowohl der festländischen Allgemein-Üblichkeit, als auch den Bräuchen Englands bei der Emission ausländischer Wert gegenübersteht. Die hier interessierende Wirkung besteht darin, daß die Kapitalien der englischen Industrie-Unternehmungen großenteils auf verhältnismäßiger niedriger Stufe stehen bleiben und dank diesem geringen Umfang wenig auf Kartell- und Konzern-Bildung hindrängen, während der Handel naturgemäß seine Beweglichkeit behalten will und es kaum zu losen Kartellen, garnicht zu straffen Syndikaten kommen läßt.

Und noch ein Moment darf meiner Auffassung nach nicht außer acht gelassen werden; das ist die eigenartige psychische Einstellung des englischen Unternehmers zu seinem Aufgabenkreis, die mir erheblich anders wie die des deutschen Unternehmers zu sein scheint. In Deutschland finden wir ein ausgeprägtes Organisationsinteresse, das danach drängt, ein klares Bild von den Gesamtbeziehungen von Produktion und Konsumtion zu gewinnen; einen Zug zur Systematik, der erst in der Zusammenfassung des ganzen Weges und im planmäßigen Aufbau ganzer Industriezweige sein Genüge findet. In England dagegen macht sich ein ebenso ausgeprägtes Interesse an der empirisch zu erfassenden Einzelerscheinung, eine gefühlsmäßige Ablehnung systematisch-organisatorischer Aufgabenstellung deutlich geltend. Jenes Interesse umfaßt mit der Produktionsgestaltung selbst zugleich die Marktbeziehungen und sucht nach Mitteln, diese im Einklang mit den Bedürfnissen der Produktion zu halten. Der technisch-empirische Sinn dagegen kümmert sich so wenig wie möglich um den Markt und lehnt für sich selbst das „Feilschen um den Preis“ um so mehr ab, als England lange genug „Werkstatt der Welt“ gewesen ist, um auch in der Gegenwart noch die Anschauungen der Monopolzeit in seinen Industrieführern wach zu halten. Da schließt man allenfalls lose Preiskonventionen ab, wie es deren in England seit langem eine große Zahl gibt; aber man lehnt Bindungen ab, die in die Fabrikationssphäre greifen.

Derartige Grundstimmungen dürfen in ihrer Bedeutung gerade für das Wirtschaftsleben nicht unterschätzt werden. Es bleibt abzuwarten, inwieweit die politisch-gesellschaftliche Zusammenführung weiter englischer Industriekreise im Reichsverband der britischen Industrien auch den Boden für wirtschaftliches Zusammengehen bereiten kann. —

2. In den **Vereinigten Staaten von Amerika** haben wir vielleicht das Extrem der anderen Seite vor uns. Dort drückt noch nicht, wie im alten Europa, der individuelle Geschmack dem tagtäglichen Verbrauch sein Gepräge auf. Nicht nur in den Rohstoffen und Halbfabrikaten, ebenso vielmehr in den fertigen Waren herrscht daher die Massenarbeit. Es fehlt dort auch fast gänzlich — allerdings nicht ausnahmslos — die familienhafte und geschäftliche Tradition, die sich in Europa so oft den sachlichen Zweckmäßigkeiten hemmend entgegenstellt. Und wie die Form der Aktiengesellschaft *(corporation)*, so hat auch die Konzernbildung auf dieser Grundlage sich erheblich weiter entwickelt, als selbst in Deutschland, vollends als in England.

Wie jedoch neben dem Stahltrust noch eine ganze Anzahl selbständiger Stahlkonzerne stehen — darunter die ausgeprägte Konkurrenzgründung der *Bethlehem Steel Corp.* mit immerhin 300 Millionen Dollars Aktienkapital —, und wie neben der *Standard Oil*-Gruppe auch mehrere andere Erdölkonzerne in den Vereinigten Staaten selbst tätig sind, so darf allgemein die Bedeutung der Zusammenschlüsse doch auch nicht überschätzt werden. Ein so gründlicher Kenner der nordamerikanischen Industrie, wie es aus eigener Praxis Robert S. Brookings ist (der Präsident des volkswirtschaftlichen Instituts der Carnegie-Stiftung) sagt ausdrücklich: „Als Monopolisierungsexperiment war die Trustbewegung im wesentlichen ein Fehlschlag . . . . in diesem Sinne ist sie tot.“ Rund vier Fünftel aller Betriebe *(establishments)* fallen nach dem Census von 1919 auf diejenigen Größenklassen, die nur je einen bis 20 Lohnempfänger beschäftigen; die großen Werke, die je mehr als 500 Arbeiter und Angestellte aufweisen, machen nur knapp 1 % und die mit mehr als je 1000 Lohnempfängern sogar 0,3 % aus. Gewiß stellt jene Gruppe der Kleinen nur 10 % aller Arbeiter und Angestellten, die der Großen dagegen 40 und die der Riesen auch noch 26 %; mancher Groß- und Mittelbetrieb mag auch noch den Anteil der Riesen erhöhen, weil er mit einem von diesen zu einer Unternehmung zusammengefaßt ist. Daß aber von den kleinsten Betrieben eine nennenswerte Zahl als unselbständig zu gelten hat, ist bei der Methode der nordamerikanischen Statistik unwahrscheinlich — sie macht den räumlichen Zusammenhang der Arbeitsstätten zum Merkmal des *establishment* —, und dann bleibt bezeichnend, daß immerhin noch 10 % aller Lohnempfänger in so kleinen Selbständigkeiten der Industrie beschäftigt werden.

Vor allem jedoch übersieht ein Urteil, welches die nordamerikanische Entwicklung in ihrem bisherigen Verlauf als Ausdruck einer allgemein gültigen Tendenz auffaßt, den engen Zusammenhang, in dem notwendig die Wirtschaft jeden Landes mit seinem Kulturstande verknüpft ist. Überall in der Welt geht die Uniformität des Geschmacks zeitlich vor seiner Individualisierung. Es bleibt abzuwarten, ob nicht die Fertigindustrien der Vereinigten Staaten, wenn erst der individuelle Geschmack erwacht, sich aus den Konzernbindungen wieder herauslösen müssen, weil sie größerer Beweglichkeit bedürfen, als ihnen in so großem Rahmen gewährt werden kann. In der Textil-Industrie wenigstens ist die Betonung der gemischten Werke, die in den Vereinigten Staaten jetzt sehr stark gilt, in England eine Erscheinung der Vergangenheit, die mit der Betonung der Individualarbeit wieder verschwunden ist.

3. **Frankreich** ist in der Gegenwart von außen her am schwersten zu beurteilen. Die Zerstörung der nordfranzösischen Bergwerke und Fabriken, die der Krieg mit sich gebracht hat, und die Angliederung der lothringischen Erzgruben haben naturgemäß neue Aufgaben von so gewaltiger

Wucht heraufgeführt, daß manche Schranke der Gewohnheit und der Tradition hat durchbrochen werden müssen. Das heutige Frankreich ist in seiner Industrie allem Anschein nach nicht mehr völlig das alte.

So ist die Notwendigkeit, die Kohlenbergwerke des Nordens technisch wiederherzustillen, organisatorisch zur Errichtung großer Gesellschaften benutzt worden, die den Vergleich mit den Unternehmungen der entsprechend großen deutschen Bezirke immerhin aushalten. Es sind auch Zusammenhänge mit dem lothringischen Erzbergbau hergestellt, und im *Comité des Forges* hat sich die französische Hüttenindustrie eine Organisation von beträchtlicher wirtschaftlicher und politischer Macht geschaffen, die auch gewisse Kartellaufgaben zu erfüllen vermag. Aber die Gegensätze zwischen der nord- und mittelfranzösischen Stahl-Industrie sind eher schärfer geworden als abgeschwächt.

Auch die chemische Industrie, wenigstens die der Schwerchemikalien, ist in ihrem Aufbau offenbar modernisiert worden, um die Verhandlungen mit der deutschen Teerfarbengemeinschaft geschlossen führen zu können. Daß aber sonst die wichtigste Eigentümlichkeit der französischen Industrie, die Betonung der ausgeprägten Feinarbeit und damit der Unternehmung kleineren Umfangs, irgend wesentlich sich geändert habe, ist nicht zu sehen. Damit behält auch die Eigenart des französischen Unternehmers, seine Vorsicht und seine Abneigung gegen Bindungen seiner Individualität, ihr volles Gewicht.

4. Doch damit genug der Beispiele von einzelnen Ländern. Sie zeigen deutlich, wie verschieden die gleichen Industriezweige in den verschiedenen Gebieten aufgebaut sind, und welche Gegensätze es zu überbrücken gilt, wenn etwa ein Kartell oder ein Konzern mit seinen Bindungen die Grenze eines Staates überschreiten soll. Obwohl die Transportmittel bekanntlich längst die räumlich gesonderten Märkte zum Weltmarkt zusammengefügt haben, spielen sich die **Internationalen Wirtschaftsbeziehungen** noch

ganz überwiegend, sogar fast ausschließlich auf der Grundlage des allgemeinen Wettbewerbs ab.

Gewiß gab es schon vor dem Kriege eine beträchtliche Anzahl von Kartellverträgen, die zwischen Interessenten verschiedener Länder abgeschlossen waren; allein für Vereinbarungen, an denen Deutschland beteiligt war, schätzt Liefmann die Zahl auf mindestens 100, von denen die meisten allerdings auf die chemische Industrie entfallen sein sollen. Ebenso verbanden auch Kapitalfäden über die staatlichen Grenzen hinweg in horizontaler und vertikaler Form mannigfache Unternehmungen miteinander; einer der größten Welt-Konzerne war z. B. in der englischen Garnfirma *Coats* gegeben, die in fast aller Herren Länder Spinnereien und Zwirnfabriken kontrollierte, und es sei auch auf den nordamerikanischen Zigarettentrust hingewiesen, der die englische Zigaretten-Industrie fast ganz mit beherrschte, auch in Deutschland recht fest Fuß gefaßt hatte — von der chemischen Industrie Deutschlands gingen ebenfalls Konzernbeziehungen in viele fremde Länder hinein. Nach dem Kriege haben die gewaltigen Kapitalverschiebungen, die auf dem europäischen Kontinent geradezu eine Kapitalnot herbeigeführt haben, in noch stärkerem Maße ausländisches Kapital über die Grenzen fast aller Staaten hin und her strömen lassen und der internationalen Konzernbildung mächtig Vorschub geleistet. Die Einengung wichtiger Absatzmärkte andererseits, die aus dem Erblühen eigener Industrien der überseeischen Jungländer sowie aus der Verarmung Europas sich ergeben mußte, hat den Gedanken internationaler Kartellverträge starke Nahrung zugeführt.

Vor dem Kriege gab es jedoch nur ganz wenige Kartelle, die den internationalen Markt unter ihren Mitgliedern wirksam aufgeteilt hatten; die Zink- und Blei-Syndikate, die internationalen Schienen- und Röhrenkartelle, die europäische Spiegelkonvention sind die wohl wichtigsten Beispiele solcher Kraft. Ebenso erstrecken auch heute die bei weitem meisten Verbände internationaler Geltung (soweit darüber ein Urteil abgegeben werden kann) ihre Wirksamkeit immer nur auf einige wenige Länder. Sie lassen ganz regelmäßig wichtige Produktionsgebiete außerhalb der Regelung — die Vereinigten Staaten sind zum Beispiel weder dem wiedergebildeten Schienenkartell noch dem Röhrenkartell formell beigetreten. Die Verbände begnügen sich demgemäß auch zumeist mit recht lockeren Bindungen, sei es daß sie wirklich einmal ihre Teilhaber (selten!) zur Innehaltung von Mindestpreisen verpflichten, die dann aber sehr vorsichtig nach der Konkurrenz der Außenseiter ausgerichtet sein müssen — sei es daß sie (häufiger) ihre Teilhaber im eigenen Lande vor dem Wettbewerb der anderen Teilhaber schützen. Es ist schon ein recht hoher und deshalb sehr selten erreichter Grad von Bindung, wenn auch die Produktionsgrößen nach gemeinsamen Richtlinien ausgerichtet und den Teilhabern von vornherein bestimmte Kontingente zugewiesen werden. Straffe Syndikate internationaler Natur, die wirklich alle wichtigen Produzenten eines Artikels umfassen und den Weltmarkt monopolistisch beherrschen, sind einstweilen wohl nur in dem Syndikat der deutschen und französischen Kaliproduzenten, im Kupfer- und im Diamantensyndikat — schon auf eingeschränktem, immerhin Europa umfassendem Bereich im Schienen- und im Röhrenkartell, in der Drahtkonvention, im Glühlampen-Kartell gegeben. Auf einem so wichtigen und in Deutschlands einzelnen Bezirken so straff syndizierten Gebiet wie dem des Kohlenbergbaus und Kohlenhandels fehlt es noch immer an jeglicher internationaler Vereinbarung.

Sogar die Konzerne überstaatlichen Umfangs sind zumeist nur recht lose gefügt und lassen ihren Teilunternehmungen zum mindesten für die innere Entwicklung, oft auch für die Marktbearbeitung recht weitgehende Freiheit. So straffe Konzerne, wie die beiden großen Erdölgruppen, der schwedisch-nordamerikanische Zündholztrust und der holländisch-deutsche Margarine-Trust, bilden ganz vereinzelte Ausnahmen. Die Sorge vor „Überfremdung", die zeitweise in Deutschland wie auch in anderen Ländern Europas geherrscht hat, ist längst dem sicheren Gefühl gewichen, daß eine kapitalmäßige Beteiligung, selbst wenn sie hohe Prozentsätze des Gesamtkapitals einer Unternehmung umfaßt, durchaus noch nicht den Einfluß der fremden Kapitalbesitzer über die tatsächliche Macht der genauen Landes- und Betriebskenner emporhebt.

IV. Die innenwirtschaftliche Bedeutung

1. Mag der einzelne Unternehmer den Gewinn, den er aus der richtigen Einschätzung des Marktes zieht, nach Art der Kleinkapitalisten und Rentner *(bourgeois)* hauptsächlich als Unterlage gesicherter und verbesserter Lebensführung einschätzen, oder mag er als echte Gestalternatur darin den Maßstab seines geschäftlichen Erfolges und zugleich die Unterlage für neue Arbeitsmöglichkeiten erblicken — stets steht vor den Zielen der Marktbeherrschung und der Marktunabhängigkeit als treibende Kraft das Streben, den Unternehmergewinn möglichst hoch und gleichmäßig zu halten. Da nun aber Produktion und Konsumtion in der modernen Wirtschaft aus ihrem organischen Zusammenhang und ihrer zwangsläufigen Verbindung gelöst sind, so entsteht die Frage, ob die Stärkung der Unternehmerstellung, die aus der Abschwächung oder gar Beseitigung des Wettbewerbs notwendig sich ergibt, mit den Gesamtinteressen der Wirtschaft sich vereinbaren läßt.

Bei der Beantwortung dieser Frage dürfen indes nicht allein die sogenannten Konsumenteninteressen und die Verteilungsprobleme berücksichtigt werden. In erster Linie steht vielmehr zur Erörterung, ob durch die Kartelle und Konzerne die Ergiebigkeit der wirtschaftlichen Kräfte irgendwie berührt wird, — ob das sachliche und stoffliche Gesamtergebnis der Arbeit etwa durch diese Bewegung gesteigert oder geschmälert wird. Erst dann wird bedeutsam, in welchen Anteilen die Gewinn-, Lohn- und Preisentwicklung dieses Ergebnis auf die verschiedenen Bevölkerungsgruppen verteilt. Je größer das Gesamtergebnis ist, um so mehr steht für alle zur Verteilung zur Verfügung. —

2. Die straffen Konzerne scheinen in der Frage des **Produktionsaufwandes** einen Vorsprung vor den Kartellen zu besitzen. Da sie in die Betriebsführung ihrer Teilunternehmungen unmittelbar eingreifen, so können sie das Grundprinzip moderner Technik, das der Arbeitsteilung, auf einen größeren Komplex von Arbeitsstätten zur Anwendung bringen, als es dem Einzelunternehmen möglich ist. Sie sind der Idee nach vor allem befähigt — wie es auch in den großen Industriegruppen mannigfach geschieht — die noch vorhandenen Betriebe von technischer Rückständigkeit oder ungünstiger Lage, demgemäß von hohen Produktions- oder Transportkosten zu gunsten einer gesteigerten Beanspruchung ihrer ganz modernen und günstig gelegenen Betriebsstätten einzustellen und dank der gesteigerten Produktion, die sich hieraus für ihre Werke niedriger Produktionskosten ergibt, deren feste Anlagen in höherem Grade auszunutzen, als sonst möglich wäre — was die Niedrigkeit der Produktionskosten, und zwar gerade des so wichtigen Sachaufwandes an Maschinen und Material, erst recht zur Geltung bringt. Unter Umständen und gar nicht selten lassen sich sogar einzelne Maschinen, die im Gesamtbereich des einen Betriebes nicht voll zur Geltung kommen, innerhalb des Konzerns nach anderen Stellen übertragen, wo sie denn bestens ausgenutzt werden und die Anschaffung neuer Maschinen dieser Art ersparen. Gerade sozialwirtschaftlich ist es aber immer am vorteilhaftesten, wenn die billigst arbeitende Maschinerie bis zum höchsten Grade der technischen Möglichkeit in Anspruch genommen wird.

In der Wirklichkeit kann es jedoch auch anders aussehen. An Stelle nämlich des Wettbewerbs, den die einzelnen Unternehmungen sich vor der Konzernbildung gemacht haben, tritt fast in jedem Falle als Kostenelement ein erhöhtes Maß innerer Reibungen. Je größer ein Gesamtwerk ist und je mehr es auf verschiedene Örtlichkeiten sich verteilt, um so schwieriger ist die Einheitlichkeit der zentralen Leitung und damit der Arbeit festzuhalten. Greift die Zentralstelle in die Einzelheiten der Betriebsführung hinein, so erhebt sich riesengroß die Gefahr der Bürokratisierung und Unbeweglichkeit bei den unteren Instanzen. Läßt man aber von oben her den einzelnen Betriebsleitern große Freiheiten — meist das weitaus geringere Übel —, so gibt es leicht ein ungeordnetes Nebeneinander und schließlich Gegeneinander. Gerade in Konzernen ist diese Gefahr besonders groß, weil in ihnen die einzelnen Unternehmer bis zur Zusammenfügung an volle Selbständigkeit gewöhnt waren, und weil starke Naturen, wie man sie zur Leitung von Großbetrieben braucht, sich nur schwer in einen gemeinsamen Arbeitsrahmen einspannen lassen.

Namentlich aus der englischen Entwicklung sind eine Fülle von Beispielen bekannt, in denen große Konzerne *(amalgamations)* an dem Gegensatz zwischen zentraler Leitung und örtlicher Betriebsführung rasch wieder zerschellt sind. Aber auch für Nordamerika muß Brookings feststellen, daß „viele Jahre hindurch die Interessengemeinschaften ihren Eigentümern weniger Gewinn abgeworfen haben, als die getrennten Einheiten vorher erzielt hatten." In Deutschland hat die Erfahrung der letzten Jahre vollends gezeigt, daß Konzerne zu bilden leichter ist, als sie zu gedeihlichem Ergebnis zu führen. Ein allgemeines Urteil, daß der Konzern die produktiven Kräfte besser nutze als das Einzelunternehmen, läßt sich daher nicht rechtfertigen. Es kann so — es kann aber auch anders sein.

Andererseits ist es falsch, den Kartellen jede Wirkung dieser Richtung abzusprechen. Gewiß greifen sie nicht unmittelbar in die Betriebsführung ihrer Teilhaber ein; sie sind sogar, wenn sie die Produktionsgröße von der Marktlage her beschränken, für die Ausnutzung der stehenden Anlagen ein hemmendes Element. Jedoch besteht kein Zweifel, daß unter dem Schutz wenigstens der straffen Kartelle die einzelnen Unternehmungen es leichter haben, für jeden technischen Fortschritt die erforderlichen Kapitalien aufzubringen, und da die Kartelle allen Teilhabern die gleichen Preise und Absatzgelegenheiten gewähren, so ist in der Regel die Erzielung von Sondergewinnen nur durch eine

Senkung der Produktionskosten für das einzelne Unternehmen zu erzielen — es fehlt also auch nicht der Anreiz zu technischen wie organisatorischen Verbesserungen. Die starken Gestalternaturen unter den Unternehmungsleitern suchen und finden außerdem stets die Türe, durch die sie den Kartellbindungen auf neuen Wegen der Produktion doch wieder zu entgehen vermögen; ist man im Kohlenverkauf durch ein Syndikat gehemmt, so verarbeitet man die Kohle zu Eisen und Stahl, und wird man auch in deren Verkauf gehemmt, so richtet man das Werk auf die Erzielung eines Überschusses von elektrischer Kraft und Gas ein, und was der Möglichkeiten mehr sind, auch die Grundproduktion von den Verkaufsbestimmungen des Kartells wieder freizumachen. Dieses behält dann die Bedeutung, den von ihm beherrschten Stoff aus den ewigen Schwankungen des Marktes herauszulösen, und gewährt gegenüber dem straffen Konzern den gewichtigen Vorteil, daß die einzelne Unternehmung nicht die Größe der Übersehbarkeit zu überschreiten braucht.

Der Gefahr der Unübersichtlichkeit und Bürokratisierung sind die losen Konzerne kaum ausgesetzt. Sie übertragen der Leitung im wesentlichen nur die Regelung der Finanzgeschäfte — etwas Abstraktes und daher eine leicht im Großen zu übersehende Aufgabe — und legen allenfalls noch die Grundlinien der Betriebsführung in erheblicher Weitmaschigkeit fest, was den einzelnen Werkleitern noch reichlich Freiheit zu lassen pflegt. Dafür verzichten sie aber auch auf die Betonung der Arbeitsteilung und der bestmöglichen Maschinenausnutzung. Sie kommen ihren wirtschaftlichen Aufgaben nach bei anderer Form doch den lose gefügten Kartellen nahe; mit dem Unterschied nur, daß man sich dank dem Gewinnausgleich gegenseitig tieferen Einblick in die Arbeitsweisen gewährt. Hierbei können sich ebenfalls Ersparnisse in den Produktionskosten ergeben — so, wenn man Betriebserfahrungen, Ergebnisse konstruktiver Forschung, Patente miteinander austauscht. Immerhin setzt die bestehend bleibende Selbständigkeit der Teilunternehmungen dem doch eine recht enge Grenze. Das Hauptergebnis der Zusammenfügung bleibt immer in der Negative, in der Abschwächung des Wettbewerbs. —

3. Damit rücken die Fragen der **Bedarfsdeckung** und der Preisbildung in das Untersuchungsfeld. Bestimmter ausgedrückt: die Fragen, ob die Konzerne und Kartelle gegenüber der Herrschaft des Wettbewerbs die Bedarfsdeckung nach Maß und Art herunterzudrücken drohen, und ob die Preisgestaltung, wenn sich Angebot und Nachfrage nicht mehr als freie Kräfte gegenüberstehen, dem Produzenten ein ungesundes Übergewicht über die Verarbeiter ihrer Stoffe und die Konsumenten verleiht — wobei noch die sozial wichtige Nebenfrage sich erhebt, inwieweit dieses Übergewicht nur dem einen Teil der Produzenten, den Unternehmern und Kapitalbesitzern, und nicht auch den Lohnempfängern zugute kommt.

Die Gefahr geminderter Bedarfsdeckung kann in der Tat entstehen, wenn aus der Konzentration ein absolutes Produktionsmonopol sich ergibt. So läßt sich sehr wohl zweifeln, ob nicht früher das deutsche Kalisyndikat, heute der Verband der deutschen und französischen Kalisyndikate durch ihre Preispolitik die Entfaltung des Bedarfs unter jener Grenze gehalten haben und halten, die bei anderer Preisgestaltung nach den technischen Möglichkeiten der internationalen Landwirtschaft sich erreichen ließen. Daß das Diamantensyndikat planmäßig dieses Ziel verfolgt, um seinen Produkten den Wert ausgeprägter Seltenheit zu erhalten, ist allgemein bekannt. Es sind jedoch ganz besondere Verhältnisse, unter denen diese beiden Gruppen stehen. Das deutsche Kalisyndikat wird, wie schon mehrfach erwähnt, seit dem Jahre 1910 durch staatlichen Zwang zusammengehalten und braucht seit dieser Zeit nicht mehr zu fürchten, daß ihm sein Absatz durch neu entstehende Außenseiter oder ausbrechende Mitglieder gestört wird; es konnte und kann sich daher leisten, das bekannte Multiplikationsexempel von Preis und Absatzmenge einseitig mit Hilfe der Preise an die Höhe der Produktionskosten anzugleichen. Das

Diamantensyndikat dagegen hat es mit einem Objekt zu tun, das überhaupt nur durch seine Seltenheit und nicht durch eine sachliche Nützlichkeit seinen Wert erhält; wollte das Syndikat die Absatzmenge durch Senkung der Preise auf die Höhe der Produktionsmöglichkeiten bringen, so würde es aller Voraussicht nach das Gegenteil dieses Ziels erreichen — wer würde denn noch echte oder auch unechte Diamanten kaufen, wenn nicht der Besitz echter Steine ihren Träger aus der großen Masse der Bevölkerung heraushöbe? Derartige Sonderbedingungen verbieten, diese Erscheinungen ohne weiteres als allgemeingültig anzusprechen.

Schon beim Kalisyndikat tritt eine entgegengesetzte Tendenz deutlich zutage: das Drängen der technisch führenden Werke auf niedrige Preise, um den Absatz zu erweitern und so die Selbstkosten zu ermäßigen. Dasselbe können wir beim Rheinisch-Westfälischen Kohlensyndikat beobachten, und nur dieses Vorgehen entspricht bei gehobener Technik den natürlichen Bedingungen des Gewinnstrebens. In solchen Werken spielen die festen Anlagen großer Kapazität die ausschlaggebende Rolle. Sie lassen sich nur bei hochgesteigertem Absatz rentabel ausnutzen, und jede Einschränkung der Ausnutzungsquote bedeutet für die Produkteneinheit eine so gewaltige Steigerung der Gestehungskosten, daß die Gedeihlichkeit des Rechenexempels „kleiner Umsatz und hohe Einzelpreise"" von vornherein in Frage gestellt wird. Der Druck der konstanten Kosten ist hier so stark, daß die modernen Werke lieber auf die Ruhe des Marktes verzichten und das Syndikat sprengen, als daß sie sich längere Zeit den Preisforderungen der unmodernen Betriebe fügen. Gewiß wollen auch sie eine Übersetzung des Marktes vermeiden; aber ihm zu liefern, was er nur irgend aufnehmen kann, ist für sie wichtiger, als hohe Preise bei geringem Absatz zu erzielen. —

Komplizierter liegt die Frage der q u a l i t a t i v e n B e d a r f s d e c k u n g. Verarbeitungswerke, die aus dem gleichen Rohstoff eine große Mannigfaltigkeit von Artikeln herzustellen vermögen und meist sowieso mehrere Rohstoffsorten miteinander mischen müssen, versuchen naturgemäß auch die Qualitätswünsche ihrer Abnehmer voll zu befriedigen; gegenüber den vertikalen Konzernen tritt daher eine Klage ebensowenig auf, wie gegenüber den Kartellen der höheren Fabrikationsstufen. Die Rohstoffproduzenten und ihre Syndikate sind jedoch in ungleich schwierigerer Lage. Ihnen bietet die Erde ihre Verkaufsobjekte in ganz bestimmter Beschaffenheit, die zumeist nur sehr wenig sich beeinflussen läßt, und nur so können sie liefern. Stehen sie nun miteinander in Wettbewerb, so versuchen die Produzenten der weniger beliebten Sorten, durch entsprechenden Preisnachlaß die Nachfrage doch noch auf sich zu ziehen. Dem Kartell jedoch gebietet die gleichmäßige Rücksicht, die es auf alle Teilhaber zu nehmen hat, eine sehr vorsichtige Behandlung der Sortenunterschiede. Es darf sich nicht der Gefahr aussetzen, daß die Produzenten der unbeliebten Sorten wieder austreten und damit das ganze Absatzgebäude ins Wanken bringen. Das Kartell muß also einem Teil seiner Abnehmer auch diese Sorten aufzwingen und ist nach den inneren Machtverhältnissen selten befähigt, diesen Abnehmern das Opfer durch einen wirklich entsprechend großen Preisnachlaß zu versüßen.

Volkswirtschaftlich kann allerdings dieser Zwang, unter dem jedes Syndikat steht, auch wieder einen Vorteil bedeuten. Er bringt einerseits Bodenschätze zur Geltung, die sonst vielleicht ungenutzt bleiben oder gar vernichtet würden, und die Vorkommen besonderer Beliebtheit werden stärker geschont, als es bei freiem Wettbewerb möglich wäre. Andererseits haben einige Syndikate sich gegen diese Unstimmigkeit damit gewehrt, daß sie von sich aus und mit großen Mitteln technische Versuche durchgeführt haben, auch die weniger beliebten Sorten voll nutzbar zu machen. —

4. Und nun die Fragen der **Preisbildung**. Sie spielen schon in die Regelung der Bedarfsdeckung hinein, haben aber noch ihre besonderen Seiten. Vor allem gilt es festzustellen, ob in den Konzernen und Kartellen mit einer allge-

meinen Tendenz dauernder Preishebung und mit einer Preispolitik zu rechnen ist, die allzu einseitig die Interessen der Produzenten betont.

Hier gehen straffe Konzerne und Kartelle offensichtlich auseinander. Für den Konzern liegt es im Gewinninteresse, die Produktionskosten so tief wie irgend möglich zu senken, und niedrige Preise sind für seine Absatzgestaltung und damit seine Produktionsgröße, damit weiter für seine Produktionskosten um so notwendiger, als jede Absatzstörung, die etwa durch hohe Preise der Verkaufsobjekte bewirkt wird, durch das ganze Unternehmen hindurch sich kostenhebend geltend macht; es fehlen hier die Puffer, die sonst die Aufeinanderfolge selbständiger Unternehmungen zwischen Rohstoff und Fertigfabrikat einschiebt. Der straffe Konzern muß daher seine hochentwickelte Technik und Organisation zu vorsichtiger Preispolitik regelmäßig benutzen.

Die Kartelle dagegen, gleichgültig ob lose oder festgefügt, und ebenso die losen Konzerne, haben nicht mit einer einheitlichen Produktionskostenbasis zu rechnen. Ihnen gehören in aller Regel Teilhaber von recht verschiedenen Arbeitsbedingungen an, und allen sollen sie gerecht werden. Das scheint nicht anders möglich, als daß entweder die höchsten Produktionskosten, die in ihren Reihen vorkommen, die ganze Preisbildung bestimmen, oder daß eine Ausgleichkasse gebildet wird, mit deren Hilfe die besonders begünstigten Teilhaber einen Teil ihres Sonderüberschusses an die Genossen höchster Produktionskosten abführen. Wollte man ohne Ausgleichskasse den Preis niedriger als die höchsten Produktionskosten stellen, so würden ja — so scheint es — die benachteiligten Kartell- und Konzernglieder schließlich dem Konkurse verfallen.

Für die losen Kartelle und Konzerne gilt dieser Satz in der Tat; sie können immer nur vorübergehend einmal eine andere Preispolitik verfolgen. Für die Kontingentierungskartelle und Syndikate dagegen gibt es noch einen dritten Weg. Er besteht darin, daß diejenigen Kartellmitglieder, die mit überhohen Produktionskosten zu rechnen haben, von den leistungsfähigen Werken aufgekauft werden, damit diese sie stillelegen und ihre Beteiligung auf die besser gestellten Betriebe zwecks deren höherer Ausnutzung übernehmen. Die Beteiligungsziffer oder Quote wird hier zu einem besonderen Wertobjekt, dessen Preis ganz unabhängig von den Gewinn- oder vielmehr Verlustmöglichkeiten des aufgekauften Betriebes sich beziffert, vielmehr nach den Gewinnmöglichkeiten des kaufenden Werks sich richtet.

Auch dieses Verfahren setzt die Kartelle nicht etwa in die Lage, die niedrigsten Produktionskosten ihrer Mitglieder den Preisen zugrunde zu legen; aber auf eine gewisse Durchschnittshöhe der Kosten läßt sich die Preisbasis doch stellen. Man kommt dem Preisgesetz des freien Marktes wieder nahe, wonach bei Gleichgewichtslage des Marktes die Produktionskosten desjenigen Betriebes preisbestimmend sind, der noch zur Deckung des Bedarfs herangezogen werden muß.

Hiermit öffnet sich für die straffen Kartelle diejenige Möglichkeit, die für die volkswirtschaftliche Beurteilung der syndikatlichen Preispolitik entscheidend ist: die Möglichkeit gleichmäßiger Preishaltung durch die Konjunkturschwankungen hindurch. Eine solche Gleichmäßigkeit liegt zunächst im Interesse der kartellierten Werke selbst. Wieder muß darauf hingewiesen werden, daß die moderne Technik in der Massenindustrie, wie übrigens auch im Transportwesen, eine immer stärker werdende Betonung der stehenden Anlagen mit sich bringt und diese Werke daher den Marktschwankungen gegenüber außerordentlich empfindlich macht: ein Hochofen muß ausgeblasen werden, wenn der Markt nicht genügend Roheisen aufnimmt, oder das Roheisen muß gar auf Lager genommen werden, wenn die Hochofengase etwa die Kraftmaschinen des ganzen Werkes speisen und deshalb zu keiner Zeit zu entbehren sind — was beides hohe Kosten verursacht, die bei sinkenden Preisen doppelt ins Gewicht fallen. Sinkende Preise folgen jedoch einem starken Ansteigen wie die Nacht dem Tage; denn hohe Preise üben auf die freien Kapitalien einen unwiderstehlichen Reiz aus, sich in Neuanlagen des scheinbar günstigen Wirtschaftszweiges zu ergießen, und bald pflegt der Augenblick einzutreten, wann diese Neuanlagen die Produktionskraft des ganzen Zweiges, die vorher hinter der Aufnahmefähigkeit des Marktes zurückgeblieben war, über sie hinausheben und die Preisbewegung in die fallende Richtung umdrehen. Bei betonten stehenden Anlagen fehlt zudem in aller Regel die technische Möglichkeit, in den alten Werken das Steigen der Preise durch rasche Steigerung der Produktion noch besonders auszunutzen und dadurch einen Ausgleich gegen die Verluste der Depressionszeit zu schaffen, wie erst recht die Möglichkeit, auf fallende Preise zwecks Senkung der Produktionskosten mit nachhaltiger Steigerung der Produktion zu reagieren. Die Produktion selbst also ist durch die Technik auf Stetigkeit gestellt; dem entspricht Stetigkeit der Marktbeziehungen.

Hiermit steht das volkswirtschaftliche Interesse in vollem Einklang. Der eigentümliche Rhythmus der marktmäßigen Wirtschaft, worin Aufschwung und Depression in ständigem Wechsel einander folgen, beruht nicht zuletzt darauf, daß bei freiem Wettbewerb und freier Produktionsgestaltung die Preise gerade der Massenstoffe andauernd schwanken. Hierauf kann niemand sich einrichten. Auch die Verarbeitung der Massenstoffe und der Konsum sind daher ständiger Unruhe ausgeliefert. Bald gibt es besonders reichlichen Gewinn für die Produzenten, bald arbeiten sie mit Verlust. Jenes bedeutet Versorgungsschwierigkeiten für die Verbraucher, dieses überreichliche Bedarfsdeckung. Kein Einkommen irgend einer Bevölkerungsschicht kann sich auf eine bestimmte Kostenbasis der Lebenshaltung einstellen, und kein Lohnempfänger ist seiner dauernden Beschäftigung sicher. Das ergibt einen Zustand, der um so schwerer auf aller Wirtschaft lastet, als die Schwankungen der Preise längst nicht mehr aus lokalen Ursachen erwachsen und so einigermaßen vorauszusehen sind, als vielmehr der Weltmarkt der Träger dieser Erscheinung ist.

Straffe Preiskartelle und Syndikate können in dieses Chaos immerhin etwas Ordnung bringen. Ihre Errichtung ist gerade in den Stufen der Rohstoffgewinnung und der Massenfabrikation am ehesten möglich. Sie stehen also an den Anfängen des ganzen Wirtschaftsgebäudes und legen mit ihrer Preispolitik einen festen Boden auch für die höheren Stockwerke. Was bedeutet es dann, wenn ein Rohstoffsyndikat etwa in Depressionszeiten die Preise auf der Höhe der Aufschwungszeit festhält? Den Verarbeitern dieses Rohstoffs, die vom Niedergehen ihrer Fabrikatpreise hart betroffen werden, wird der Rahmen, in welchen sie ihre Produktionskosten diesen fallenden Preisen anzupassen vermögen, beträchtlich eingeengt, indem sie nichts von dieser Aufgabe auf die syndizierte Vorstufe abwälzen können, und viel früher sehen diese Verarbeiter daher sich gezwungen, ihre Fabrikation einzustellen, weil sie die hohen Rohstoffpreise nicht mehr zu tragen vermögen. Und das ist genau das, was das volkswirtschaftliche Interesse fordert. Ist in der Aufschwungszeit die Produktionskraft der Verarbeiter übermäßig gesteigert worden, und dadurch die Krisis herbeigeführt, so gilt es, das Gleichgewicht wieder herzustellen und die widerstandsschwächsten Betriebe wieder auszumerzen. Was die Syndikate für ihre Mitglieder durch eine planmäßige Beschränkung der Produktionsgrößen in solchen Zeiten herbeiführen, wird von ihnen indirekt auch den nichtsyndizierten Verarbeitungsstadien aufgezwungen.

Das hat gewiß nicht die Wirkung, daß es nun überhaupt keine wirtschaftlichen Krisen, keine Depression und keinen Aufschwung mehr gebe. Aber allem Anschein nach werden doch — wenn nicht ganz besondere Störungsgründe, wie etwa der Krieg und seine Folgen, sich geltend machen machen — die Wellen der Konjunkturbewegung einigermaßen ausgeebnet. Die ruhige Bewegung der Kohlen- und Eisenpreise namentlich muß volkswirtschaftlich auf eine Linie mit der Festlegung der Eisenbahntarife und mit der planmäßigen Abgleichung der Diskontosätze gestellt werden. Auch sie stehen an den Fundamenten der Wirtschaft; und wie seit langem alle Länder der Erde darauf bedacht sind, die Bewegung der grundlegenden Zinssätze und der maßgebenden Transportkosten aus dem unübersehbaren Zufall des freien Marktes in den Bereich des Übersehbaren, aus dem Geheimnis des Einzelvertrages in die Öffentlichkeit der allgemein gültigen Tariffestsetzung hinüberzuführen, so ist auch für die Preise der wichtigsten Grundstoffe eine planmäßig ruhige Bewegung dem Chaos des Weltmarkts vom Gesamtinteresse der Wirtschaft her vorzuziehen. Es ist schwerlich ein nur zeitliches Zusammentreffen, daß einerseits in den neunziger Jahren des vergangenen Jahrhunderts die Syndikatsbestrebungen der deutschen Schwerindustrie ihre ersten nachhaltigen Erfolge erzielt und zur selben Zeit die deutschen Eisenbahnen sich einen einheitlichen Gütertarif geschaffen haben, an der Wende des neuen Jahrhunderts, auch die Reichsbank zu planmäßiger Regelung der Diskontosätze übergegangen ist, und daß andererseits das gesamte deutsche Wirtschaftsleben von der Mitte der neunziger Jahre ab bis zum Ausbruch des Krieges in ziemlich gleichmäßiger, wohl von kurzen Stillstandsperioden — nicht aber von nachhaltigen Rückschlägen unterbrochener Aufwärtsbewegung gestanden hat.

Ein Vergleich der Preisbewegung, die etwa das Rheinisch-Westfälische Kohlensyndikat und der Roheisenverband im neuen Jahrhundert innegehalten haben, mit der Preisbewegung des freien englischen Marktes zeigt deutlich, daß die Syndikate diese Gleichmäßigkeit zu betonen gelernt haben. Nicht zuletzt die Erfahrungen, die immer wieder das Kalisyndikat und zeitweise auch das Rheinisch-Westfälische Kohlensyndikat mit dem Erstehen neuer Bergwerke als einer Folge ihrer Preisüberspannung gemacht haben, sind in deutschen Kartellkreisen nicht ohne Wirkung geblieben. —

Mit der ruhigen und gleichmäßigen Bewegung der Preise verliert die Frage nach der absoluten Preishöhe erheblich an Gewicht. Es besteht kein Zweifel, daß es den strafferen Kartellen, vor allem den Syndikaten verhältnismäßig rasch gelungen ist, die Preise der von ihnen erfaßten Waren über den vorher geltenden Stand beträchtlich hinaufzuschrauben, und sicher ist die wirtschaftliche Macht, die hierin sich äußert, zugleich der Untergrund für eine gewisse Verschiebung der sozialen Machtverhältnisse; einem verhältnismäßig eng begrenztem Kreis von Produzenten hat die Preissteigerung Vorteile in den Schoß gelegt.

Jedoch in keiner Sphäre des wirtschaftlichen Güteraustausches ist irgend ein Preis in seiner absoluten Höhe bedeutsam. Jeder ist nur ein Wertausdruck, der in die Relativität aller Erscheinungen hineingestellt ist, und bekommt daher sein Gewicht nur und ausschließlich von dem Vergleich mit den Preisen anderer Waren und mit den Einkommensverhältnissen der verschiedenen Bevölkerungsschichten. Ist die Möglichkeit gegeben, daß der Preisänderung an einer Stelle die Preise an anderen Stellen und die Einkommen sich anpassen, so wird das Verhältnis dieser verschiedenen Größen längst nicht so stark geändert, wie die Entwicklung der Preise einer einzigen Ware es leicht erscheinen läßt. Diese Anpassung scheint bei gleichmäßig sich bewegenden Preisen der Grundstoffe leichter zu sein, als bei einem raschen Wechsel ihres Auf und Ab.

Die Sondergewinne aber, die aus hochgehaltenen Syndikatspreisen sich ergeben, verlieren zu gutem Teil den Charakter einseitiger Bevorzugung engster Kapitalistenkreise, wenn sie in erheblichem Umfang überhaupt nicht an die Werkbesitzer verteilt, sondern in die Betriebe unter Steigerung und Sicherung der Arbeitsgelegenheiten wieder hineingesteckt werden, und wenn dank der Rechtsform der Aktiengesellschaft die Zahl der Gewinnbeteiligten beträchtlich über den früheren Kreis ausgedehnt wird — was beides dank den Notwendigkeiten der Technik und den Eigentümlichkeiten des Kapitalmarkts in der Massenindustrie in großem Umfang der Fall ist.

V. Die internationale Bedeutung der Kartelle

1. In einer Richtung machen sich allerdings gegenüber der Preispolitik der Kartelle wirtschaftliche Bedenken sehr nachhaltig und mit zum Teil entscheidender Wucht geltend;

und zwar gerade deshalb, weil andere Preise naturnotwendig sich nach den Preisen der Grundstoffe richten. Für die **Ausfuhr** der höheren Fabrikationsstufen kann es eine gefährliche Hemmung bedeuten, wenn in dem Fabrikationslande die Preise der Roh- und Betriebsstoffe durch ein Kartell höher gehalten werden, als sie in den Ländern der konkurrierenden Industrien gestellt sind.

Gewiß ist dies keineswegs bei jeder Fabrikatenausfuhr zu fürchten. Höchstwertige Waren, in denen die hohen Löhne von hochqualifizierter Geistes- und Handarbeit und die Verzinsungs- und Tilgungsbeträge für teuere, rasch sich abnutzende und veralternde Maschinen den Hauptbestandteil der Gestehungskosten ausmachen, werden so leicht nicht in ihrer Wettbewerbsfähigkeit auf dem Weltmarkt durch eine ihnen ungünstige Differenz der Rohstoffpreise geschwächt. Deren Wirkung auf die Fabrikatkosten tritt vielmehr um so stärker zurück, je mehr in immer neuen Stufen der Verarbeitung die Kapital- und Arbeitskosten sich auf die Ursprungsgewinnung drauflegen. Und wieder ist darauf hinzuweisen, daß die straffen Kartelle, die der Marktbeherrschung nahekommen und die Preise diktieren, nach der Erfahrung aller Welt fast nur in den Sphären der Rohstoffgewinnung und der allerersten Verarbeitungsstadien, in den ausgeprägten Massenindustrien sich durchzusetzen vermögen. Was bedeutet aber der Kohlenpreis und der Preis des Rohstahls oder selbst der des Stahlblechs und des Stahldrahts für die Gestehungskosten eines feinen Instrumentes, was der Preis des Baumwoll- oder Wollgarns für die Gestehungskosten einer Spitze oder Gardine?

Einstweilen gibt es jedoch nirgends auf Erden ein Gebiet, das seine Ausfuhr auf derartig gehobene Waren zu beschränken oder auch nur ausschlaggebend zu konzentrieren vermag. Bei den Vereinigten Staaten von Amerika ist es noch am meisten der Fall; sie haben einstweilen noch eine so starke Ausfuhr landwirtschaftlicher Produkte, daß sie in der Ausfuhr industrieller Waren die Spezialartikel hohen Maschinenwerts betonen können. Ganz anders England, das nach seiner wirtschaftsgeschichtlichen Entwicklung und seiner geographischen Lage die Ausfuhr von Massenfabrikaten durchaus in den Vordergrund gerückt hat. Aber auch Deutschland, dem die Ungunst der Transportlage umgegekehrt die Betonung der hochwertigen Veredelung nahegelegt hat, und sogar Frankreich, das erst recht in der Feinarbeit seine wertvollste Eigentümlichkeit findet, kommen ohne starke Ausfuhr von Massenartikeln nicht aus. Stets spielen also in den Produktionskosten der auszuführenden Industriewaren die Preise der kartellierbaren Vorstoffe eine recht beträchtliche Rolle.

Die Gefährdung der Fabrikatenausfuhr wird nicht selten gesteigert und immer in ein merkwürdiges Licht gerückt, wenn gar die Rohstoffe und Halbfabrikate des Inlands für die Verarbeiter des Auslands zu niedrigeren Preisen als für die der eigenen Heimat geliefert werden. Das hat vom Standpunkt der Rohstoffproduktion seinen guten Sinn; denn die Ausfuhr steigert die Produktionsmöglichkeiten und senkt durch die bessere Ausnutzung der stehenden Anlagen den allgemeinen Durchschnitt der Gestehungskosten, und sie bringt so lange einen Gewinn, als die Ausfuhrpreise, selbst wenn sie diesen Durchschnitt nicht erreichen, sich über dem Mehr an Betriebskosten halten, das durch ihre Herstellung entsteht. Es kann auch für die inländischen Verarbeiter von Vorteil sein; denn die Senkung des Kostendurchschnitts bewirkt nicht selten, daß auch die Inlandpreise, obwohl sie nach wie vor die Gesamtheit der Generalunkosten aufzubringen haben, niedrigerer gestellt werden. Aber für die Ausfuhr der Fabrikate ist in jedem Fall mißlich, daß der ausländischen Konkurrenz eine reichlichere Versorgung ihres Rohstoffmarktes geboten wird, und erst recht leidet sie in ihrer Entfaltung, wenn das Angebot der inländischen Stoffe eine Uebersetzung des freien Weltmarkts und dadurch vollends einen Preisdruck hervorruft. Nun ist Voraussetzung für eine derartige Differenzierung der Inlands- und der Auslandspreise stets das Bestehen eines straffen Kartells oder sonstigen Monopols, das die

Inlands- und Auslandsangebote streng auseinander hält und die Inlandspreise genügend beherrscht, um aus ihnen noch außer den variabeln Kosten der für das Inland erzielten Produktion das Ganze der konstanten Kosten zu erzielen. —

Eben diese Voraussetzung trägt allerdings auch die Möglichkeit einer starken Abschwächung der Gefahr in sich. Ein straffes Kartell ist in der Lage, seine Inlandspreise auf die Höhe der Auslandspreise für denjenigen Teil des Inlandsabsatzes herunterzusetzen, der nachweislich in Gestalt von Verarbeitungsprodukten ausgeführt wird. Einen vollen Ersatz allerdings für eine völlig freie Preisbildung bietet auch dieses Verfahren nicht. Denn der Anteil, den die Rohstoff- und Halbfabrikat-Kosten im fertigen Produkt ausmachen, ist so leicht nicht genau festzustellen, und die Kartelle dieser Vorstufen neigen natürlich dazu, die Schätzung eher nach unten als nach oben vorzunehmen. Es bleibt auch, da auf dem freien Weltmarkt der Massenstoffe die Preise in ewigem Schwanken sind, stets für den Exporteur der Fertigfabrikate ein Moment rechnerischer Unsicherheit übrig, ob der Ausgleichsbetrag, den er vom Kartell erhält, auch zeitlich die Differenz wirklich deckt. In Zeiten hohen Zinsfußes oder gar absolut knappen Kapitals ist auch lästig und teuer, daß beim Einkauf der kartellierten Stoffe zunächst der hohe Inlandspreis zu zahlen ist, während die Abgleichung gegen die Auslandspreise erst nach vollzogener und nachgewiesener Fabrikatenausfuhr, zumeist auch in recht langwierigem Verfahren stattfindet. Von einer künstlichen Steigerung der Fabrikatenausfuhr durch eine „Ausfuhrprämie" kann jedenfalls nicht gesprochen werden, solange der Ausgleichsbetrag nur die Differenz der Inlands- und Auslandspreise ersetzt. Dies ist das mindeste, was die inländische Wirtschaft von den Kartellen der Unterstufen verlangen muß; der Arbeitswert zumal, der in den fertigen Fabrikaten steckt, und die Arbeitsmöglichkeiten, die dem Inland aus der Fabrikatenausfuhr erwachsen, lassen diese bei dichter Industriebevölkerung als viel zu wichtig erscheinen, als daß man eine irgend nachhaltige Hemmung durch die inländischen Kartelle dulden dürfte.

Hier ist die Stelle, wo die Kartellbewegung in unmittelbaren Zusammenhang mit der Zollpolitik kommt. Ein Schutzzoll braucht sich keineswegs immer in einer Preiserhöhung des Inlands auszuwirken. Dies hat vielmehr zur unerläßlichen Voraussetzung, daß entweder die inländische Produktion des zollgeschützten Artikels hinter dem inländichen Bedarf zurückbleibt, oder daß ein straffes Kartell den inländischen Produktionsüberschuß vom Inlandsmarkte fernhält und ins Ausland wirft. In letzterem Fall ist der Schutzzoll auch nicht etwa Vorbedingung des Kartells; aber er dient diesem dazu, die Inlandspreise um den Zollbetrag (wie sonst nur um den Betrag der Transport- und Handelsspesen) über den Weltmarktpreisen zu halten, und belastet demgemäß die Verarbeiter in ihren Ausfuhrbemühungen noch besonders stark. Ein Schutzzoll auf Rohstoffe und Halbfabrikate ist daher vollends nur erträglich, wenn die Kartelle der geschützten Stufen ihn für die Ausfuhr der höheren Stufen wieder unwirksam machen.

Erfüllen aber die inländischen Kartelle diese Forderungen der Fabrikatenausfuhr, so kommt ein neues Moment des Schwankens in das Getriebe des Weltmarkts hinein. Der Gedanke wird verstärkt, die Kartellierung auf den Weltmarkt auszudehnen und international zu gestalten. — —

2. Die Voraussetzungen und die Wirksamkeit der **internationalen Kartelle und Konzerne** in ähnlicher Weise aus deutlich erkennbaren Tatsachen abzulesen, wie es für die nationalen Gebilde immerhin möglich ist, fehlt es an zuverlässigem Material. Wir wissen von dem Bestehen zahlreicher überstaatlicher Verbände und mannigfacher Kapitalverbindungen, welche die Grenzen überspringen. Wir wissen auch von vielen die Aufgaben, die sie sich unmittelbar gestellt haben, und wir kennen auch von einer ganzen Menge die Teilhaber nach Ländern und Unternehmungen. Aber wie wir hier schon für Vergangenheit und Gegenwart vielfach noch im Dunkeln tappen, so entzieht sich der exakt tatsächlichen Feststellung durchweg das Ausmaß, in dem jene

Aufgaben wirklich erfüllt worden sind, und erst recht die Wirkung, die von den Kartellen und Konzernen international auf die beteiligten Unternehmungen und Wirtschaftszweige oder gar auf das Ganze des Wirtschaftslebens ausgeübt worden ist. Die Beurteilung hat daher notgedrungen von abstrakten Gedankengängen auszugehen.

An die Spitze ist die Erwägung zu stellen, daß all jene Hemmungen, die sich schon einem nationalen Zusammenschluß entgegenstellen, auf internationalem Boden noch gewaltige Steigerungen erfahren. Allein schon das Moment der Entfernung, das trotz Telegrafen und Telefon, Schnelldampfer und Schnellzug für die Leitung auseinander liegender Betriebe keineswegs bedeutungslos geworden ist, gewinnt natürlich an Schwergewicht, wenn nicht nur die allgemeinen Grundlinien der Verwaltung, sondern auch Einzelweisungen über weite Strecken hin, womöglich über ganze Erdteile oder die ganze Erde, übermittelt und in der Durchführung kontrolliert werden sollen. Dazu treten, mit größerer Wucht noch, die tiefgreifenden Unterschiede, die nun einmal von Land zu Land und von Volk zu Volk im allgemeinen Rahmen alles Wirtschaftens bestehen; vielleicht noch am wenigsten die Verschiedenheiten der Rechtsgestaltung — denen sich anzupassen hat man längst gelernt, wie ja bekanntlich im *gentleme'ns agreement* auf Klagbarkeit der Abmachungen kein Gewicht gelegt wird —, wohl aber die Eigentümlichkeiten in Lebensanschauung und Lebensführung, wie sie die ganze Arbeitsweise und die Absatzgestaltung von Volk zu Volk differenzieren, und die Besonderheiten jeder Landesfiguration machen das Aufstellen einheitlicher Richtlinien für Produktion und Marktbehandlung, erst recht also das Erteilen von Einzelweisungen zu gutem Teil unmöglich. Endlich aber stoßen die Privatbestrebungen des Zusammenschlusses beim Überschreiten staatlicher Grenzen sehr viel nachhaltiger als im nationalen Bereich auf die Staaten selber, die mit ihrer Gesetzgebung, nicht zuletzt mit der Zollpolitik, und mit ihrer Verwaltung sich einen ausschlaggebenden Einfluß auf die Gestaltung der internationalen Wirtschaftsbeziehungen ihres Landes überall (auch in Großbritannien) und ständig (auch unter dem sogenannten Freihandel) vorbehalten.

Diesen Hemmungen ist es in erster Linie zuzuschreiben, daß der Gedanke der Produktionsteilung, der den straffen Konzernen nationaler Gestalt auch unmittelbaren volkswirtschaftlichen Wert verleiht, sich international nur in sehr eingeschränktem Umfang verfolgen läßt. Gewiß kann es auch hier vorkommen, daß ein unvorteilhaft arbeitender Betrieb stillgelegt und seine Absatzmenge auf die Produktion eines anderen Landes übertragen wird; und es ist auch gedankenmäßig nicht unmöglich, durch Bildung zusammengefaßter Unternehmungen die Produktion eines bestimmten Artikels auf das Werk des einen und die eines anderen Artikels auf das Werk eines anderen Landes zu konzentrieren — beides mit der Wirkung, daß eine Produktionskostensenkung sich ergibt. Aber wo kommt es denn in Wirklichkeit dazu? Was die großen Entfernungen vielleicht noch als leicht erscheinen lassen, wird schon durch die Besonderheiten des Bedarfs, die meist auf psychischer Grundlage aufliegen, und vollends durch den Egoismus der Staaten verhindert, die ihrer Bevölkerung keine Arbeitsmöglichkeit nehmen lassen wollen. Tatsächlich sehen wir jedenfalls, daß die internationalen Konzerne viel mehr dazu dienen, in fremden Ländern Parallelbetriebe zu errichten, die den alten Stammwerken eher Produktion abnehmen als zuführen. Dann ergibt sich gewiß noch immer der Vorteil, daß die Erfahrungen und Erfindungen des Stammwerks auch im fremden Lande ausgenutzt werden, und insofern kann es auch zu einer Minderung der allgemeinen Unkosten führen. Aber der nachhaltigste Vorteil, der im arbeitsteiligen Produzieren selbst liegt, wird aus der Kombination nicht herausgeholt. Jeder Plan einer „Rationalisierung" stößt international einstweilen noch auf kaum überwindbare Schranken.

Indirekt jedoch kann auch von der internationalen Konzentration die Produktionstechnik gefördert werden. Auch sie macht den Teilunternehmungen, weil sie den Wettbewerb der Produktionskosten, die aus der Steigerung der Produkeinengt und die Gewinnmöglichkeiten übersehbarer macht, die Aufnahme der neuen, zur Durchführung technischer Verbesserungen erforderlichen Kapitalien leichter. Das gilt aber von den Kartellen ebenso wie von den Konzernen. Das Aufgeben der inneren Selbständigkeit ist hierzu nicht unbedingt nötig. —

3. Einschränkung und womöglich Beseitigung des internationalen Wettbewerbs, nicht unmittelbare Bestimmung der Produktion ist in der Tat die hervorstechendste Aufgabe, die sich internationale Zusammenschlüsse wohl stellen können. Die Fragen der **Bedarfsdeckung** und der **Preispolitik** bekommen damit ein erhöhtes Gewicht und zu gutem Teil auch ein anderes Gesicht, wie sie es schon bei den nationalen Gebilden besitzen.

Die Kontingentierungs-Kartelle, deren es im internationalen Güteraustausch offenbar eine beträchtliche Anzahl gibt, greifen mit ihren Vereinbarungen ganz unmittelbar in die Bedarfsdeckung ein. Ihr Wesen liegt — um es zu wiederholen — darin, daß für die Gesamtheit der Teilnehmer nach dem geschätzten Mindestbedarf eine bestimmte Produktionsmenge festgelegt wird, und daß jeder Teilnehmergruppe ein bestimmter Anteil an dieser Summe für ihre Betriebe zugewiesen wird; und insoweit unterscheiden sich auch ihrer Bedeutung nach die internationalen Verträge nicht von jenen nationaler oder lokaler Ausdehnung: die Kontingentziffern dürfen zumeist nicht als die Grenzen betrachtet werden, die dem Vergrößerungsstreben der einzelnen Werke etwa gezogen sind. Wie sehr trotz der Kontingentierung die einzelnen Unternehmungen sich den Weg zur Ausdehnung offen zu halten pflegen, zeigt nichts so deutlich, wie die gerade bei internationalen Kartellen sich oft findende Vereinbarung, daß die Kontingente gegen Zahlung einer Konventionalstrafe, aber ohne Vertragsverletzung überschritten werden dürfen. Es ist da nicht eine Frage der Vertragstreue, sondern lediglich ein Rechenexempel, ob die Senkung der Produktionskosten, die aus der Steigerung der Produktion erwartet wird, das Ausmaß der Konventionalstrafe übersteigt oder nicht.

Eine Besonderheit jedoch fügen die internationalen Kartelle in das Gefüge der Weltwirtschaft dann ein, wenn sie vertragsmäßig von vornherein eine Erhöhung den Kontingents für die einzelnen Gruppen für den Fall vorsehen, daß sich in deren nationalem Bereich der Absatz steigern lasse. Dadurch wird von Anfang an ein Element der Differenzierung in das Kartell hineingetragen und jeder Gruppe ein starkes Interesse an der inländischen Verarbeitung ihrer Produkte und an deren Erhöhung aufgedrückt, während der Auslandsabsatz an Bedeutung verliert. Es ist also eine Bestimmung, die sowohl mit der Entwicklungstendenz der alten Industriestaaten, als auch mit den weltwirtschaftlichen Interessen in Einklang steht und sie fördert. Denn der Regel nach wird dort, wo eine kartellierte, den Unterstufen der industriellen Stufen angehörende Ware produziert wird, auch die Weiterverarbeitung schon am höchsten entwickelt sein und die niedrigsten Gestehungskosten aufweisen — nur dann kann wenigstens jene Vereinbarung aktuelle Bedeutung gewinnen. Andererseits schiebt sie den — weltwirtschaftlich gesehen — ungesunden Bestrebungen einen Riegel vor, in Gebieten, welche die kartellierte Ware nicht selbst produzieren und auch durch ihre Arbeitsbedingungen in der Verarbeitung keinen Ausgleich bieten, dennoch mit Hilfe eingeführter Ware eine Verarbeitungs-Industrie sozusagen aus dem Nichts aufzubauen; was notwendig mit hohen Gestehungskosten verbunden ist, selbst wenn die Konkurrenz der ausländischen Lieferanten einen Teil dieser Kosten dank den herabgedrückten Preisen auf die Lieferanten der Verarbeitungsstoffe abwälzt. Insoweit liegt in einer derartigen Kartellabrede ein Gegengewicht gegen die Schutzzölle, die etwa das Verarbeitungsland auf die Fabrikate zur Sicherung einer eigenen, künstlich hochgezogenen Industrie legt.

Ist nur ein gegenseitiger Schutz der Absatzbezirke vereinbart, so stellt sich die Frage der Bedarfsdeckung nicht wesentlich anders wie bei nationaler Kartellierung. Allerdings fällt für die „geschützten“ Bezirke, wenn das Kartell alle wichtigen Produzenten der Erde umfaßt, die Möglichkeit fort, aus freiem Ausland die etwa ungenügenden Kartellieferungen quantitativ oder qualitativ zu ergänzen; die Abnehmer stehen mit gebundenen Händen den kartellierten Produzenten gegenüber. Aber die erwähnten Hemmungen sorgen in aller Regel dafür, daß dieser äußerste Fall, das internationale Monopol der Produzenten, nicht Wirklichkeit werde. Außerdem bleibt es — abgesehen von den Waren, deren Wert allein in der Seltenheit liegt und nicht auf irgendwelche Nutzbarkeit sich stützt (Schmuck und Kunstgegenstände) — auch bei internationalen Kartellen ein Lebensinteresse der Produzenten, ihre Produktionskosten so niedrig wie möglich zu halten und deshalb sich die Absatzgelegenheiten nicht künstlich einzuengen. Der Druck der konstanten Kosten macht sich um so stärker geltend und ersetzt um so mehr den Wettbewerb, je mehr die moderne Technik an die Stelle der beweglichen und dem Markte anzupassenden Arbeiterzahl die immer stärker spezialisierten und wandlungsunfähigen Werkzeugmaschinen, an die Stelle der Löhne also in den Produktionskosten die Verzinsung und Tilgung steigender Kapitalbeträge stellt.

Bezieht sich der Bezirksschutz des Kartells aber lediglich auf die Heimatländer je der beteiligten Produzenten, läßt er sich auf „dritte“ Gebiete nicht ausdehnen, so bekommt auch von ihm die Produktion ein Interesse, den heimischen Markt und damit die heimische Verarbeitung der kartellierten Waren vor dem Auslandsabsatz zu bevorzugen. Ohne Not setzt sich kein Unternehmen, das in seinem ganzen Aufbau die stehenden Anlagen und damit die Konstanz der Kosten betont, dem ewigen Wechsel des ungeschützten Marktes aus. Es sei nur darauf hingewiesen, wie außerordentlich gering der Anteil ist, den in den Vereinigten Staaten von Amerika die industrielle Ausfuhr von der industriellen Gesamtproduktion auf sich zieht. Was hier die natürliche Abgeschlossenheit des riesigen Kontinentalblocks bewirkt, wird in anderen Ländern, deren innere Frachten dank der geringen Entfernungen zur Meeresküste absolut niedrig sind, durch den Schutz der internationalen Bezirkskartellierung herbeigeführt, die ebenso wie jene Abgeschlossenheit gleich einem Schutzzoll sich geltend macht.

Am letzten Ende laufen also auch hier die Probleme der Bedarfsdeckung auf die Fragen der Preisgestaltung hinaus. Kein Zweifel aber, daß die Preismacht der nationalen Verbände erheblich gefestigt und auch gesteigert wird, wenn internationale Abmachungen ihnen den Wettbewerb der ausländischen Produzenten fernhalten. Erst dadurch werden die Produktionskosten des Inlands zur schlechthin ausschlaggebenden Basis — eine Wirkung, die selbst der höchste Schutzzoll nicht zu erzielen vermag, da er sich immer nur als eine Sonderspese, dazu als eine festberechenbare, auf die Preise des freien Weltmarkts legt, diesen selbst jedoch als Basis auch der inländischen Preisbildung nicht ausschaltet. Straffe Syndikate des Inlands können durch die internationale Ergänzung zu absoluter Monopolgewalt gelangen. —

4. Was bedeutet schließlich diese Preisbildung für den **Weltmarkt** und für die **Zollpolitik** der beteiligten Länder?

Der Einfluß der internationalen Kartelle auf die Beziehungen und die Preisbildung des Weltmarkts hängt natürlich entscheidend von der Rolle ab, welche die kartellierte Produktion auch außerhalb ihrer Kreise, d. h. also gegenüber den frei gebliebenen Produzenten innehat. Ist ihr Angebot, soweit es nach außen tritt, nur mehr nebensächlicher Natur, so wird zwar der Wettbewerb in der Regel etwas abgeschwächt werden, und es kann daher auch dann zu einer gewissen Hebung der Weltmarktpreise kommen; aber wirklich Wesentliches, eine nennenswerte Ausebnung der Preiswellen tritt schwerlich ein, solange die Außenseiter den Bedarf des freien Marktes zu decken vermögen und deshalb nach wie vor gegeneinander und gegen das Kartell die

Waffe der Preisunterbietung handhaben. Anders erst, wenn das Angebot der kartellierten Werke auch draußen unentbehrlich erscheint und demgemäß den Preis mit seinen Forderungen nachhaltig beeinflußt; dann richten auch die freien Konkurrenten sich nach dieser Basis. Ob aber bei diesem oder jenem Artikel zu den einen oder anderen Zeitpunkt jenes oder dieses Verhältnis obwaltet, das ist eine reine Tatfrage, die allgemein nicht zu beantworten ist, und dazu in den Wechsel des Weltmarkts gestellt. Von den Preisen selbst, ihrem Hochstand und ihrer Gleichmäßigkeit, wird nicht selten eine Änderung der ursprünglich gegebenen Lage herbeigeführt. Auch internationale Kartelle haben mit dem Außenseiter-Problem ständig zu ringen.

Bei entsprechender Angebotslage wirkt die Preispolitik der internationalen Kartelle am bedeutsamsten in die Gestaltung der Weltwirtschaft dann ein, wenn es sich um Rohstoffe oder solche Halbfabrikate handelt, die noch ganz dicht am Rohstoff stehen (Viertelsfabrikate). Gerade hier nämlich kann bei freier Konkurrenz und übersetztem Markt der starke Preisdruck, der dann auf dem Weltmarkt liegt, und vollends eine etwaige Preisdifferenz, die gegenüber den Inlandpreisen der kartellgeschützten Produktionsländer sich entwickelt, zum Aufbau neuer Verarbeitungsindustrien in solchen Ländern führen, denen es zwar an jenen Stoffen fehlt, die aber die erforderlichen wenig geschulten Arbeitskräfte besitzen; es sei daran erinnert, in welchem Umfang etwa Italien, Argentinien und Brasilien, Südafrika nach dem Kriege die Stahlverarbeitung mit Hilfe billiger englischer Kohle und billigen europäischen, namentlich französischen Rohstahls, aufgenommen haben. Gelingt es dann, die wichtigsten Lieferanten dieser Rohstoffe und Viertelsfabrikate durch einen internationalen Vertrag auf Festhaltung gewisser Mindestpreise zu einigen, so bedeutet dies in der Regel, daß auch das freie Ausland höhere Preise als bisher zu zahlen hat, und daß die Differenz vor allem zwischen den Auslands- und den Inlandspreisen der kartellierten Stoffe sich nachhaltig verringert, oft sogar verschwindet. Und dies wieder bewirkt nicht nur, daß den ausländischen Verarbeitern ihre Gestehungskosten absolut erhöht werden. Wichtiger noch ist, daß es die Differenz der Gestehungskosten zwischen ihnen und den Verarbeitern der Lieferungsländer ausgleicht; was dann wiederum den natürlichen Vorsprung dieser Lieferungsländer, deren Arbeiterschaft auf die Verarbeitung der kartellierten Stoffe eingestellt zu sein pflegt, wesentlich stärker zur Geltung bringt. Ein internationales Preiskartell der Rohstoffproduktion hebt die inländische Verarbeitung dieser Rohstoffe notwendig in ihrer Konkurrenzfähigkeit auf dem Weltmarkt, macht ihr die Auslandsmärkte leichter zugänglich. —

Der Zusammenhang mit der Zollpolitik tritt hier deutlich zutage. Er bewegt sich in doppelter Richtung. Es ist zu prüfen: wie wirken die internationalen Kartelle und die Zölle der empfangenden Länder aufeinander? Und gesondert erhebt sich die Frage: wie steht es mit diesem Verhältnis in den liefernden Gebieten? Und innerhalb dieser Komplexe ist die Wirkung, unter der die kartellierte Ware selber steht, und die Bedeutung, die sich für die Zölle der höheren Verarbeitungsstufen ergibt, auseinanderzuhalten. Immer vorausgesetzt natürlich, daß überhaupt nach der Angebots- und Nachfragelage ein maßgeblicher Einfluß des internationalen Kartells auf die Preise des Weltmarkts zu erwarten ist.

Soweit die außenbleibenden Länder die gleichen Waren herstellen, wie sie vom Kartell erfaßt sind, verliert ein etwaiger Schutzzoll, den sie bisher erhoben, zu gutem Teil oder restlos seinen Sinn. Das Kartell übernimmt dann die Aufgabe, die bisher niedrigen Preise, gegen die das empfangende Land seine Industrie durch den Schutzzoll schützen wollte, auf einen höheren Stand hinaufzuheben. Es erfüllt also ganz oder zum Teil — je nach dem Maß der Erhöhung, die es durchsetzen kann — die Aufgabe des Zolls. Die Empfangsländer können an einen Abbau ihres Schutzsystems denken, ohne die bei ihnen bestehende Industrie dem Ausland opfern zu müssen.

Für die höheren Stufen der Fabrikation bedeutet jedoch die Kartellierung der Vorstufenprodukte in den Empfangsländern eine Erschwerung ihrer Wettbewerbslage; denn der Vorsprung, den normalerweise alte Industrieländer aus der Schulung ihrer Arbeiter und Angestellten sowie aus langjährigen Organisations-Erfahrungen zu haben pflegen, und der für die Lieferungsländer durch die Kartellierung wieder zur Geltung kommt, macht sich im Neuland naturgemäß als Schwächung geltend. Damit ist eine Gefährdung der Kapitalien, die in den Verarbeitungwerken stecken und zumeist einer anderen Form der Verwendung sich nicht zuführen lassen, notwendig gegeben. Es kann auch eine Gefährdung der Arbeiterschaft akut werden; doch ist da in aller Regel eine Umstellung auf solche Wirtschaftszweige, die in dem betreffenden Lande bessere Naturbedingungen finden, möglich und sogar vorteilhaft. Die großen Vorteile, die eine internationale Produktionsteilung — genau so wie im einzelnen Betrieb die Arbeitsteilung — notwendig mit sich bringt, kommen wieder zu ihrem Recht.

Denn was bedeutet es, wenn ein Land ohne genügende Rohstoffbasis und ohne lang geschulte Arbeitskräfte sich durch Fabrikatenzölle eine Verarbeitungsindustrie hochpäppelt? Doch lediglich eine Verteuerung des inländischen Verbrauchs und dadurch entweder ein Niederhalten der Lebensführung seiner eigenen Bevölkerung oder aber ein Hochschrauben der Löhne im ganzen Bereich seiner Wirtschaft. Jenes schädigt die Leistungsfähigkeit der heimischen Bevölkerung und läßt infolgedessen die natürlichen Kräfte nicht zur Entfaltung kommen; dieses aber steigert die Gestehungskosten auch derjenigen Waren, für deren Produktion das Land von Natur günstige Vorbedingungen darbietet, was die Exportkraft lähmt und dadurch wiederum die wirtschaftliche Leistungsfähigkeit des ganzen Landes beeinträchtigt. Gerade in Neuländern, die noch nicht das ganze Schwergewicht einer langen Entwicklung wie einen Klotz am Bein mit sich schleppen, kann den Unterschieden der Naturbedingungen nachhaltiger Rücksicht getragen werden, als es in den alten Ländern mit der längst festgelegten Entwicklungsrichtung der Bevölkerung nun einmal möglich ist. Ihr Hauptinteresse bewegt sich in gleicher Richtung wie das der internationalen Kartelle: sie müssen Wert darauf legen, daß die Preise der von ihnen bezogenen Waren einigermaßen gleichmäßig und übersehbar sind, nicht mit jeder Konjunkturwelle auf- und abgehen und dadurch den Lebensstand der Bevölkerung bald senken und bald heben. Dauernd über das Maß hinaus, das von den Gestehungskosten bestimmt wird, lassen sich weder von den Kartellen der Rohstoffe noch von denen der Fertigfabrikate die Preise im Ausland hinaufheben; dazu ist die Gefahr, daß alsbald in den empfangenden Ländern wiederum diese Industrien entstehen, denn doch zu groß.

Tatsächlich hängt es aber natürlich von den innerpolitischen und innerwirtschaftlichen Machtverhältnissen jedes Landes ab, ob diese sachlichen Erwägungen in der Zollpolitik sich durchsetzen. In ausgeprägt landwirtschaftlichen Gebieten wird die Neigung, die Sonderkosten einer künstlich hochgezogenen Bearbeitungsindustrie zu tragen, stets geringer sein als in Ländern, die schon stärker industriell durchsetzt sind. Junge Wirtschaftsgebiete andererseits, deren eigene Kapitalkraft für die Errichtung neuer Fabriken nicht ausreicht, die also durch ihre Industriepolitik dem Ausland zinstributär werden, kommen ebenfalls leichter zu dem Entschluß, ihrer eigenen Bevölkerung lieber die Konsumwaren ausländischer Herkunft zuzuführen und dadurch die eigene Kapitalbildung zu fördern.

In den Lieferungsländern sieht es nicht wesentlich anders aus. Allerdings werden die schutzzöllnerisch eingestellten Interessengruppen, gerade wenn sie auf den Abschluß internationaler Kartelle hinarbeiten, zunächst einmal für ihre Produkte den Schutzzoll des eigenen Landes festhalten oder gar erhöhen wollen; denn sie rechnen damit, daß sie bei hohem Zoll den ausländischen Vertragspartnern gegenüber bei den Kartellverhandlungen eine festere Position bekommen, und daß sie ihnen in einer Ermäßigung des Zolls einen gewissen Preis für den Abschluß des Kartellvertrages in Aussicht stellen können. Man wird in diesen Kreisen auch darauf hinweisen, daß kein Kartell für ewige Zeiten abgeschlossen wird, und daß es deshalb notwendig sei, rechtzeitig für den Fall der Kartellerneuerung vorzusorgen und einen gewissen Zollschutz immerhin beizubehalten. Erst recht werden dann Bedenken gegen eine Beseitigung des Schutzzolls sich geltend machen, wenn wichtige Produktionsgebiete, die für die Belieferung der kartellierten Länder selbst zu beachten sind, etwas außerhalb der Kartelle verbleiben; die stetigen Preise, die aus einer internationalen Kartellierung auch für das einzelne Teilgebiet des Kartells sich ergeben, üben eine starke Anziehungskraft auf die außerhalb stehenden Produzenten aus, und die Gefahr, daß eine stärkere Einfuhr in das kartellgeschützte Gebiet alsbald der Aufhebung des Zolls folgen könne, bleibt bei nur teilweiser Kartellierung bestehen.

Trotzdem kann kein Zweifel sein, daß in den Produktionsländern vollends ein Schutzzoll auf international kartellierte Waren seinen Sinn verliert. Die Kartelle des Inlands selbst und auch die Einzelproduzenten jedes Landes, denen der internationale Wettbewerb entweder völlig oder doch wenigstens in seiner wesentlichsten Bedeutung ferngehalten wird, bekommen dadurch Macht genug, die Preise des inneren Marktes im Einklang mit ihren Produktionskosten zu halten. Wozu also noch einen Schutzzoll? Viel wirksamer für die Entwicklung der kartellierten Produktion ist es, abstrakt gesehen, den Abbau der eigenen Schutzzölle, wie überhaupt des heimischen Schutzzoll-Systems, den fremden Ländern als Preis für deren Schutzzoll-Abbau darzubieten und damit den höheren Stufen der Fabrikation, die meist nicht kartellierbar sind, die fremden Märkte weiter zu öffnen. Auch hier gilt es der allgemeinen Erfahrung Rechnung zu tragen, daß der Wettbewerb des Weltmarkts in aller Regel am schärfsten ist bei den Rohstoffen und Halbfabrikaten, die den Charakter der Massenware am deutlichsten zeigen, und daß er an Intensität abzunehmen pflegt, je mehr die Fabrikation in die Sphäre der fertigen, mehr oder minder individuellen Bedürfnissen angepaßten Waren hineinführt.

Auch hier sind es am letzten Ende aber die innerpolitischen und innerwirtschaftlichen Machtverhältnisse und damit die Staatsgewalten, die den Ausschlag geben. Halten die Industrieländer, denen an einer Ausfuhr ihrer Fabrikate gelegen sein muß, an Schutzzöllen gegenüber den Produkten des Auslands auch in Zukunft fest, so wird naturgemäß auch das Ausland sich durch kein internationales Kartell bestimmen lassen, vom Schutz der eigenen Fertigfabrikation wiederum abzugehen. Hier kommt das Problem der internationalen Kartellierung in unmittelbaren Zusammenhang mit dem Problem der Handelsverträge. Sie bieten den Weg, den Schutzzoll als Verhandlungsmittel zu benutzen und alle Beteiligten vor übersehbare Zukunftsmöglichkeiten zu stellen. Ein System, das beides miteinander in zwangsläufigen Zusammenhang bringt, sichert für die Geltungszeit des Handelsvertrages die kartellierten Wirtschaftszweige durch seine Kartellierung gegen internationale Überraschungen und läßt andererseits die Möglichkeit offen, für den Fall der Aufhebung des Handelsvertrages auch den Kartellvertrag auf eine neue Basis zu stellen. Und umgekehrt bleibt den Empfängern der kartellierten Ware die Gewähr, daß sie solange, wie der Handelsvertrag läuft und sie die kartellierte Ware bei sich zollfrei einlassen, auch für die von ihnen gelieferten Lebensmittel und sonstigen Urstoffe freien Einzug im anderen Vertragslande finden; auch sie können bei gleichzeitigem Ablauf der staatlichen Handelsverträge und der privaten Kartellvereinbarungen sich rechtzeitig auf beides einrichten. Als Dauerergebnis bleibt dann aber die Erwartung, daß während der Dauer beider Verträge diesseits und jenseits der Grenzen die Produktions- und Absatzverhältnisse sich genügend aufeinander einspielen, um allen Beteiligten — in ähnlicher Weise, wie es bei den regional begrenzten Kartellen zu beobachten ist — die Fortsetzung der Vertragsbeziehungen als erwünscht erscheinen zu lassen. Handelsverträge und Kartellverträge stimmen darin überein, daß sie für jeden Partner vorteilhaft nur dann sind, wenn jeder seine Interessen gewahrt sieht. Es bleibt abzuwarten, ob die gemeinsame Not der Zeit auch international diesen Gemeinplatz der Staaten und den Privaten wiederum einhämmert und dadurch zur wirtschaftlichen Geltung bringt.

2. Gegenwartsfragen industrieller Organisation

Vortrag, gehalten auf der 65. Jahresversammlung des Deutschen Vereins von Gas- und Wasserfachmännern im Juni 1924

Zu den Schlagworten, die mit unheimlicher Geschwindigkeit und unheimlicher Intensität unsere wirtschaftlichen Kreise erfaßt haben, gehört auch jenes, das die Organisation unserer Unternehmungen angeht und sich ausdrücken läßt in den Worten: Vertikale Kombination sei das einzige, was als Organisationsform den heutigen Schwierigkeiten angepaßt sei; nur vermöge der vertikalen Kombination könne man ihrer Herr werden; es komme darauf an, die einzelnen Großunternehmen in der Weise aufzubauen, daß die verschiedenen Stufen von der Rohstoffgewinnung bis zur Fertigfabrikation in einer Hand vereinigt seien, und diese einzelnen Werke müßten dann völlig selbständig sein und sich gegenüber jenen anderen zu wehren wissen, die in gleicher Richtung tätig und in gleicher Weise organisiert sind: vertikale Kombination in leuchtender Vereinzelung und Ablehnung dessen, was man als horizontal-kartellmäßige Kombination zu bezeichnen pflegt. Sie kennen alle das Wort, das von wirtschaftlich bedeutsamem Munde gesprochen worden ist: Kartelle sind ein überwundener Standpunkt. Die Frage der industriellen Organisation ist aber gerade unter dem Gesichtspunkt, wie man der heutigen Schwierigkeiten Herr werden könne, wichtig genug, einer Prüfung unterzogen zu werden, und wir haben die Gelegenheit, das, was in diesem Schlagwort — vertikale Kombination ist das einzige, horizontal-kartellmäßige Kombination ist ein überwundener Standpunkt — zusammengefaßt ist, an den Tatsachen der Vorkriegszeit und auch bereits der Nachkriegszeit so weit zu prüfen, daß in diese von Schlagworten erfüllte Welt vielleicht doch etwas mehr Klarheit gebracht werden kann.

Kein Zweifel, daß die vertikale Kombination oder, wie wir sie in Deutschland — anders als in Amerika und England — mit Vorliebe zu bezeichnen pflegen, der Trust, erhebliche Vorteile aufweisen kann, die für die Stellung des so organisierten Unternehmens auf dem Markt der Fabrikate von erheblicher Wichtigkeit sind. Ich darf in Ihre Erinnerung zurückrufen, daß der Trust, die vertikale Kombination, die Möglichkeit in sich trägt, seine gesamte Produktion auf diejenigen Betriebe zu konzentrieren, die dank ihrer technischen Einrichtungen oder dank ihrer geographischen und Verkehrslage mit den niedrigsten Produktions- und Transportkosten nur belastet sind; man stellt dann jene anderen Werke still, die mit veralteter Technik etwa ausgestattet sind und deshalb teurer arbeiten, hält sie nur für die Zeiten besonders angespannter Konjunktur in Reserve. Wichtiger noch ist vielleicht, daß die Kombination, weil ihre verschiedenen Teile als Lieferanten und Verarbeiter sich gegenseitig ergänzen, nicht etwa vor allen Dingen die Handelsgewinne auszuschalten — dafür stecken andere Kosten von der Organisation her in dieser Kombinationsrechnung — wohl aber an Stelle der ewig schwankenden Marktpreise, wie sie namentlich für Massenstoffe charakteristisch sind, die sehr viel gleichmäßigeren Produktionskosten der Vorstufen als Teil der Gestehungskosten in die Verarbeitungsstufen hineinzurechnen vermag. Das vertikal kombinierte Werk hat ferner, wie ohne weiteres zuzugeben ist, den Vorteil, den Absatz für die Vorstufen und den Bezug für die verarbeitenden Betriebe glatter zu stellen, als es der Regel nach bei Beanspruchung des Handels zwischen diesen Stufen möglich ist; es ist eben jeder Betrieb auf die Leistungsfähigkeit des anderen eingerichtet und alles so organisiert, daß die im Liefererbetriebe hergestellten Waren glatt in die verarbeitenden Betriebe hinübergehen können. Und endlich will ich noch davon sprechen, um nicht alle Einzelheiten — da Sie den Dingen nahe genug stehen, näher als ich — hier zu erwähnen, daß auch der Kapitalausgleich, der von Werk zu Werk in einem kombinierten Unternehmen vorgenommen werden kann, sich übersehbarer und demgemäß auch glatter vollzieht, als wenn immer selbständige Zwischeninstanzen, etwa Banken, benutzt werden müssen; der Überschuß, der vielleicht an einer Stelle erzielt wird, kann eine Kapitallücke ohne weiteres an einer anderen Stelle ausfüllen, wenn die beiden Stellen in einem und demselben Unternehmen vereinigt sind.

Alles das sind Vorteile, die nicht bestritten werden dürfen. Und doch ist Vorsicht am Platze, wenn wir diese Vorzüge in ihrer Bedeutung werten wollen. Denn ihnen stehen auch empfindliche Hemmungen des Arbeitens und auch des wirtschaftlichen Ertrages bei kombinierten Unternehmungen gegenüber. Schon jene Rechnung über die Produktionskosten, die auf der Benutzung der besteingerichteten Werke sich aufbaut, ist gerade in einem kombinierten Werke mit einem Posten belastet, den wir nicht unterschätzen dürfen. Denn in die Produktionskosten der Fabrikate, mit denen die tätigen Werke an den Markt herantreten, sind jene Generalunkosten selbstverständlich mit hineinzurechnen, die aus den stillgelegten Werken entstehen. Sie sind doch nun einmal errichtet worden, haben zu ihrer Errichtung Kapitalien beansprucht, — Kapitalien, die nach Verzinsung schreien, und diese Quote muß nun von den tatsächlich fabrizierenden Werken auch mit aufgebracht werden, so daß nicht ein glatter Vorteil aus dieser Betonung der besten Technik sich ergibt.

Und jener andere Vorteil, der in der Regel stärker betont wird und auch betont werden muß, daß an die Stelle von schwankenden Marktpreisen eigene Produktionskosten der Vorstufen in die Produktionskosten der Nachstufen eingerechnet werden müssen, — er hat namentlich in Krisenzeiten auch seine empfindlichen und recht düsteren Schattenseiten. Denn in Krisenzeiten ist für die selbständigen Verarbeitungsbetriebe die Aussicht garnicht gering, daß sie gerade dank der Entwicklung der Marktpreise diejenigen

Stoffe, die sie verarbeiten wollen, zu Preisen hereinbekommen, die unter den Produktionskosten stehen jener Betriebe, die in diesen Vorstufen ihre Arbeit vollbringen; und dann wird es unvorteilhaft für die kombinierten Verarbeitungsbetriebe, daß sie nicht von diesen Marktpreisen abhängen, sondern von den gleichmäßig sich bewegenden Produktionskosten, daß sie also nach wie vor eigene Produktionskosten in diese Rechnung einstellen müssen. In Krisenzeiten kann sich umdrehen, was in Aufschwungzeiten glatt als Vorteil der vertikalen Kombination anzusprechen ist.

Und noch ein Drittes ist zu erwähnen: das vertikal kombinierte Werk, der Trust, geht aus guten, zwingenden Gründen darauf aus, seine eigene Fabrikation so auszudehnen, daß er so dicht wie möglich an die fertige Konsumware und an den letzten Konsumenten herantritt; — aber eben doch nur so dicht wie möglich. Hemmungen nämlich sind da in der Art der Produktion unverkennbar gegeben; über das eigentlich massenweise Produzieren hinaus, in das Produzieren von individuellen Artikeln kommt aus Organisationsschwierigkeiten der Trust so leicht nicht hinein. Aber, wie gesagt, so weit wie möglich, geht er in die Fabrikation der Fertigware hinein, um die geringeren Marktpreisschwankungen, die für diese Waren gegenüber den Massenstoffen charakteristisch sind, für sich in Anspruch zu nehmen und um den gleichmäßig sich bewegenden Produktionskosten gleichmäßig sich haltende Absatzpreise gegenüberstellen zu können. — Kommt es nun zur Absatzstockung in diesen Fertigfabrikaten, die dem Konsum nahestehen, so sind die Fertigfabrikat-Betriebe naturgemäß die ersten, die das spüren; spüren in ihrer Absatzgröße und in ihren Preisen. Handelt es sich hierbei um Werke, die die von ihnen verarbeiteten Halbfabrikate auf dem freien Markte einkaufen, sie nicht in Vertikalkombination in eigenen Betrieben herstellen, so können sie damit rechnen, daß die Absatzstockung von ihnen weitergegeben werden kann in der Form, daß sie nun nicht mehr Halbfabrikate kaufen, daß sie dem Absatz ihren Einkauf anpassen. Aber es ist eine allgemeine Erfahrung, daß eine Absatzstockung, die in den letzten Stadien der Fabrikation eintritt, eine gewisse Zeit braucht, um auch in den Vorstufen sich quantitativ auszuwirken; es braucht eine gewisse Zeit, auch bei freier Organisation, bis die Absatzstockung der Fertigfabrikate die Halbfabrikate-Herstellung und die Rohstoffgewinnung auf dasjenige Quantum reduziert, das der Absatzmöglichkeit bei den Fertigfabrikaten entspricht. Ist die Organisation frei, besteht kein unternehmungsweiser Zusammenhang zwischen Fertigfabrikation und Halbfabrikation oder gar Rohstoffgewinnung, so wird das Fertigfabrikatwerk dieses Risiko ohne weiteres dank der Einschränkungen des Einkaufs, von denen ich eben gesprochen habe, auf die selbständigen Vorstufenunternehmen abzuwälzen in der Lage sein. Haben wir es dagegen mit einem vertikal kombinierten Werk zu tun, so trifft das Gesamtunternehmen, also auch die in der Fertigfabrikation angelegten Kapitalien, das Risiko der Unstimmigkeit in der Quantität der Arbeit mit voller Wucht; das kombinierte Werk ist hier weniger anpassungsfähig als das frei in die Wirtschaft, in die Marktverfassung hineingestellte Werk. Krisenzeiten sorgen dafür, daß auch die Bäume der vertikalen Kombination nicht in den Himmel wachsen.

Bedeutsamer gegenüber dem Gedanken der vertikalen Kombination ist aber noch die Tatsache, daß wir überall in der Welt ihre Anwendung doch nur auf sehr enge Fachgebiete beschränkt sehen. Es ist ein Irrtum, wenn in weiten Kreisen, in der der Wirtschaft ferner stehenden Bevölkerung immer angenommen wird, der Trust, das Riesenunternehmen, das mannigfache Stufen der Verarbeitung in sich vereinigt, sei nachgerade in den Vereinigten Staaten von Amerika und bei uns die allgemeine Regelerscheinung geworden, oder doch wenigstens die Erscheinung, auf welche die allgemeinen Entwicklungstendenzen deutlich hinweisen. Die Tatsachen zeigen das Gegenteil. Denn ob wir die Vereinigten Staaten nehmen, ob wir uns nehmen, von England und von Frankreich gar nicht zu reden, dann sehen wir, daß in der ganzen breiten industriellen und sonstigen wirtschaftlichen Tätigkeit das einzelne Werk, das auf eine bestimmte Stufe der Fabrikation sich beschränkt, doch noch immer die schlechthin geltende Regel ist, und daß wir nur in verhältnismäßig geringer Zahl, als Ausnahmen, jene Riesenunternehmen beobachten können, die wir als Trusts ansprechen. Es müssen also generelle Hemmungen vorhanden sein, die die aus den genannten Gründen hervorgehenden Kräfte doch nicht zur vollen Wirksamkeit gelangen lassen; es müssen Gegenkräfte an der Arbeit sein, die jenen zum großen Teil überlegen sind und dadurch das Anwendungsgebiet für diese Organisationsformen so auffällig beschränken, — Gegenkräfte, die es unmöglich machen, selbst wenn man vielleicht aus rein wirtschaftlichen Gesichtspunkten heraus die vertikale Kombination erstreben wollte, dieses Ziel dann tatsächlich zu erreichen.

Hier ist zunächst die große Schwierigkeit zu erwähnen, die quantitative Stimmigkeit zwischen den verschiedenen Betrieben einer und derselben Unternehmung zu erreichen. Natürlich darf man das nicht übertreiben. Kein Organisator eines derartigen kombinierten Werkes wird sich der Illusion hingeben, daß nun restlos alles, was in den Betrieben der Vorstufen erarbeitet wird, in eigenen Verarbeitungsbetrieben weiter verarbeitet werden kann, und daß umgekehrt die Betriebe der höheren Stufen ausschließlich verarbeiten, was ihnen die Vorstufenwerke der eigenen Unternehmung liefern. Immer wird eine gewisse Spannung der Quantitäten hingenommen werden müssen; immer wird für eine gewisse Quantität der Vorstufenerzeugnisse es notwendig sein, den Markt aufzusuchen, weil man nicht das ganze Quantum selbst verarbeiten kann, und es wird umgekehrt auch der Regel nach notwendig sein, ein gewisses Quantum der zu verarbeitenden Marterialien aus dem Markt herauszunehmen, weil man sie im eigenen Betriebe nicht selber in diesem Quantum herzustellen vermag. Nicht das absolute Maß ist es, was hier entscheidet, wohl aber das relative; denn wenn die Quantität, die man an den Markt bringt oder die man aus dem Markt herausnehmen muß, im Verhältnis zu den Quantitäten, die man im eigenen Unternehmen verarbeitet oder zu eigener Verarbeitung herstellt, zu groß wird und die anderen Mengen stark übersteigt, dann geht der wichtigste Vorteil, die Marktunabhängigkeit, welcher das vertikal kombinierte Unternehmen zustrebt, tatsächlich verloren, und die Schwierigkeiten der Übersehbarkeit des ganzen Unternehmens treten dann mit ihrem ganzen Schwergewicht in den Vordergrund.

Noch schwieriger wird es natürlich, wenn qualitative Ungleichheiten zwischen den verschiedenen Betrieben und Betriebsarten bestehen. Gewiß haben wir gelernt — und können dasselbe in anderen Ländern, in England und stärker noch in den Vereinigten Staaten beobachten — auch die qualitativen Unstimmigkeiten zwischen den verschiedenen Stufen der Arbeit einigermaßen auszugleichen. Aber die Erfahrung lehrt, daß ein wirklich enges Zusammenarbeiten verschiedener Betriebe, d. h. ein Zusammenarbeiten derart, daß die Produktion der einen Arbeitsstätte wirklich auf die Verarbeitungsbedürfnisse der anderen zugeschnitten ist und umgekehrt, doch ihre Grenze dann findet, wenn wir es mit wesensverschiedenen Werken zu tun haben. Wir können beobachten, daß das Zusammenarbeiten verschiedenartiger Betriebe dann sofort etwas Lückenhaftes, etwas Sprunghaftes, Ungleichmäßiges bekommt, wenn etwa der Versuch gemacht wird, die Werke der ausgeprägten Massenstoffproduktion und die Feinverarbeitungsbetriebe zusammenzukuppeln. Jedes Unternehmen beruht doch schließlich in seiner gedeihlichen Arbeit darauf, daß die Einheitlichkeit der Gesamtarbeit gewahrt bleibt. Und diese Einheitlichkeit der Gesamtarbeit kann nur gewahrt werden, wenn von der Spitze her, von den obersten leitenden Köpfen her, für diese Einheitlichkeit gesorgt wird. — Menschliche Leistungsfähigkeit kann nun gewiß erweitert werden, und wir haben im Laufe der letzten Jahrzehnte, im Laufe der letzten beiden Menschenalter zumal, gewaltige Fortschritte darin gemacht — zum Teil unterstützt durch technische Hilfsmittel, nicht zuletzt durch das Hilfsmittel einer immer weiter ausgearbeiteten Buchführung — die Leistungsfähigkeit der Organisatoren großer Unternehmungen über ein Maß hinaus zu steigern, was man früher nicht für möglich hielt. Eins der markantesten Beispiele darf ich hier vielleicht anführen: Sie werden alle den Namen eines Strousberg kennen, d. h. jenes großen Organisators, der in den 60er Jahren und dann vor allen Dingen in der 1870er Jahren bis zum großen Krach des Jahres 1873 Organisationsgedanken in unserer industriellen und unserer Verkehrswelt aufzubauen versucht hat, die seiner Zeit weit voraus waren, die wir aber heute als geradezu etwas Selbstverständliches betrachten. Und ein Strousberg mußte damals scheitern, mußte in den fatalen Ruf eines „Gründers" kommen, weil er mit seinen Gedanken weiter war, als die damalige Zeit für möglich hielt und auch tatsächlich erlaubte. Heute würde er mit seinen Organisationsplänen noch nicht einmal zu den größten Organisatoren und Planschmiedern gehören, geschweige daß man ihn mit seinen Plänen etwa heute unter die Reihen der „Gründer" rechnen würde. Also zugegeben, daß wir gelernt haben, die Leistungsfähigkeit gerade auch bezüglich der Organisation, der Übersicht über die Unternehmungen beträchtlich auszuweiten, so haben wir doch, wenn nicht alles täuscht, noch nicht gelernt — und es scheint besonders schwer zu sein, eine Lehrzeit dieser Art hinter sich zu bringen —, ausgeprägte Qualitätsbetriebe und ebenso ausgeprägte Quantitätsbetriebe zu einer vollen Einheit zusammenzuschweißen, zu einer Einheit also, bei der von der obersten Stelle her das Ineinandergreifen aller Teile, aller Betriebe endgültig gewährleistet wird. Der Leiter des Massenbetriebes hat nun einmal eine andere geistige Einstellung notwendig als der Leiter des ausgeprägten Qualitätsbetriebes und Einzelfabrikatbetriebes, und diese Einstellung gleichzeitig in einem und demselben Kopfe oder auch nur in einem und demselben Gremium von wenigen Köpfen herbeizuführen, ist nach allen Erfahrungen bisher noch nicht gelungen.

Sie werden mir entgegenhalten, daß wir doch immerhin eine gewisse Anzahl von Unternehmen haben, bei denen diese Vereinigung unternehmungsweise herbeigeführt ist, und gerade in der Zeit nach dem Kriege ist auch sicherlich manche Kombination von der Massenstoffherstellung her bis in das Gebiet der Feinfabrikation, speziell im Falle der Maschinenfabrikation, ausgedehnt worden. Die Frage ist nur die: ob diese großen Konzerne, wie wir sie zu nennen pflegen, ein wirklich einheitliches Arbeiten gewährleisten, ob sie wirklich weiter greifen, als daß sie zu einer Gleichmäßigkeit der Kapitalausnutzung, zu einer einheitlichen Kapitalpolitik kommen. Ich glaube mich nicht zu täuschen, wenn ich das letztere behaupte. Unsere ganz großen Konzerne, wie sie nach dem Kriege namentlich gebildet worden sind, wie wir sie aber auch schon vor dem Kriege bei uns und erst recht in den Vereinigten Staaten von Amerika beobachten konnten, kommen zwar zu einer gewissen Gleichmäßigkeit ihrer Kapitalpolitik, zu einem Ausgleich des Kapitalbedürfnisses auf der einen Seite, des Kapitalüberflusses auf der anderen Seite. Aber das Zusammenarbeiten ihrer einzelnen Betriebe kann man zutreffend etwa damit charakterisieren, daß man das Zusammenarbeiten staatlicher Ressorts als ein einstweilen auch von diesen privatwirtschaftlichen Betrieben noch nicht übertroffenes Muster bezeichnet. Und wem es beliebt, das Zusammenarbeiten staatlicher Ressorts als ein wirklich einheitliches Arbeiten zu bezeichnen, nun, der mag auch das Zusammenarbeiten der verschiedenen Betriebe dieser Riesenkonzerne als einheitlich bezeichnen. Wer größere Anforderungen an den Begriff der Einheitlichkeit stellt, wer verlangt, daß die einzelnen Betriebe sich schlechthin in den Gesamtplan einordnen, daß der eine Betrieb nur das tut, was dem anderen frommt und ziemt, der wird etwas skeptischer über dieses Zusammenarbeiten staatlicher Ressorts und dann auch über das Zusammenarbeiten der Betriebe unserer ganz großen Konzerne denken.

Man soll sich nicht täuschen lassen durch die Form,

die da vereinheitlicht ist; denn die Form, die Rechtsform zumal, das ist Ihnen allen geläufig, deckt ungeheuer viel Dinge, die in der Welt der Tatsachen, hinter den Kulissen der Rechtsform, einer unendlichen Mannigfaltigkeit und Unterschiedlichkeit sich erfreuen. Im Wirtschaftsleben gelten bekanntlich nicht die Rechtsformen, so wichtig sie natürlich in die wirtschaftliche Gestaltung eingreifen können, sondern die Tatsachen, und hier stoßen sich die Dinge an jenen harten Köpfen, die wir in der Wirtschaft nicht entbehren können, die an der Spitze der einzelnen Betriebe stehen, und die es nicht dahin kommen lassen, daß ein einheitliches Arbeiten erzielt wird derart, daß man diese mannigfachen Betriebe einer und derselben Unternehmung gleichsam als einen Einzelbetrieb, als eine wirkliche Einheitsunternehmung, als ein Einheitswerk bezeichnen dürfte. Diese Köpfe können aber auch die Konzerne an der Spitze ihrer einzelnen Werke und Betriebe nicht entbehren; sie sind für sie wichtiger als die absolute Einheitlichkeit, weil doch schließlich von den leitenden Köpfen letzten Endes alles abhängt — wie im Gesamtunternehmen, so auch im einzelnen Werk. Und wenn man die Organisationsleistung, die von den Leitern der großen Konzerne bewirkt werden muß, überhaupt in einem Satze zusammenfassen darf, dann ist es in dem: die harten, auf Selbständigkeit haltenden Köpfe, wie sie an der Spitze der einzelnen Werke stehen, nun doch wenigstens zu jenem Maß von Einheitlichkeit zusammenzuführen, wie es sich nach der Kapitalseite hin auswirkt, und das ist nur möglich, wie alle Erfahrung immer wieder bewiesen hat, wenn man diesen Köpfen in der Gestaltung der Betriebe, an deren Spitze sie stehen, eine möglichst weitgehende Selbständigkeit trotz der kapitalmäßigen Zusammenfassung des Konzerns doch immer überläßt.

Und dieses scheint mir, wenn ich die Dinge richtig übersehe, der wichtigste Grund zu sein, warum das vertikal kombinierte Werk doch noch immer eine vereinzelte Erscheinung ist, und dazu eine Erscheinung, die auf relativ sehr wenige Fachzweige, Gewerbezweige sich verteilt. Sehen wir uns die Breite des wirtschaftlichen Lebens an, so kommen wir in England, aber auch bei uns und in den Vereinigten Staaten von Amerika immer wieder zu denselben Gewerbezweigen, wo das vertikal kombinierte Werk zu finden ist. Zuerst auf dem Gebiete der Montanindustrie, dieses im weitesten Sinne genommen. Kohle, Eisen und Stahl; weniger ist es schon der Fall bei den sonstigen Metallen. Dann bei einigen, aber nur bestimmten Zweigen der chemischen Industrie, und sehr charakteristisch ist es, daß wir da schon teilen müssen. Und sehen wir uns die Elektrizitätsindustrie an, dann sind es auch da nur einige Zweige, nur sehr wenige, und ebenso auf dem Gebiete des Maschinenbaues. Dann sind wir schon am Ende. Es ist durchaus falsch, wenn man in Deutschland vielfach annimmt, daß in den Vereinigten Staaten die Trusts die ganz allgemeine Erscheinung seien. Gewiß gibt es da gewaltig große Trusts; aber merkwürdig: nur auf denselben Gebieten, auf denen wir sie ebenfalls seit langer Zeit, längst vor dem Kriege, kennen. Denn wenn die Standard Oil-Comp. als Petroleumtrust bekanntlich ein Gebiet umfaßt, auf dem wir wenig aufzuweisen haben, so gehört sie doch in das Gebiet der Montanindustrie, und der Stahltrust ist, wenn auch quantitativ in einem anderen Ausmaße, so doch in seiner Organisation garnichts anderes als die Großunternehmungen unserer Montanindustrie, wie sie sich schon vor dem Kriege etwa am Rhein, in Gelsenkirchen, Gutehoffnungshütte usw., aber auch in anderen Bezirken entwickelt hatten. Und nehmen wir andere Zweige in den Vereinigten Staaten, etwa die Textilindustrie, die im Nordosten, in den sog. Neuenglandstaaten, eine beträchtliche Rolle spielt, die aber mehr und mehr in die Baumwoll-Produktionsgebiete des Südens vorgerückt ist, so ist keine Rede davon, daß wir es mit Vertikalkombinationen als einer Regelerscheinung zu tun haben. Wir machen dort vielmehr dieselbe Erfahrung wie bei uns, daß der vertikal aufgebaute Trust in der Baumwollindustrie eine Erscheinung der Anfangszeit ist, und daß er stets die Neigung zeigt, später zur Auflösung als Vertikalkombination zu kommen, um erst auf ganz anderen Unterlagen und in ganz anderem Ausmaße wieder eigenartige, aber längst nicht zur Vertrustung des Ganzen etwa führende Organisationsformen aufzuweisen. Also ist es doch einstweilen wenigstens dabei geblieben, daß das einzelne Werk, von der Betonung der Einzelinitiative her, der Träger der Entwicklung in den meisten Industriezweigen geblieben ist, und daß sogar in denjenigen Teilen der in den unteren Stufen zur Vertrustung neigenden Industriezweige, die den Oberstufen angehören, von einer solchen Bewegung nicht gesprochen werden kann.

Und nun noch eins, was gerade in diesem Zusammenhang erwähnt und auch besonders betont werden darf: Wir haben die Erfahrung gemacht, daß jene Riesenkombinationen, die Konzerne, welche die Geschlossenheit einzelner Unternehmen, den Trustcharakter schon bei sich herausgearbeitet haben, doch immer wieder neben der Vertikalkombination ihres eigenen Aufbaues danach streben, als Ergänzung ihrer Organisation zur horizontalen, kartellmäßigen Kombination zu kommen. Die Zahl der Kartelle etwa, denen ein nordamerikanischer Stahltrust angehört, ist ebenso Legion, wie normalerweise die Zahl der Kartelle, denen ein Trust der deutschen Montanindustrie anzugehören pflegt. Ein Zeichen also, daß wir in der Vertikalkombination sicherlich nicht einen Ersatz der Horizontalkombination, des Kartells, zu sehen haben; es muß doch seine guten Gründe haben, daß schließlich auch diese Riesen wieder danach drängen, nicht nur mit den anderen Riesen, sondern auch mit den kleinen, selbst mit den Zwergen ihres Industriezweiges zu einer marktmäßigen, zu einer kartellmäßigen Zusammenfassung zu kommen. Warum wohl diese Beschränkung der Selbständigkeit dem Markte gegenüber, während man doch sonst durch den vertikalen Aufbau gerade die Eigenart und Selbständigkeit so ganz besonders scharf zu betonen scheint?

Es dürften zwei Kausalreihen sein, die als wichtigste Gründe heranzuziehen sind: Einmal nämlich die Erfahrung, daß auch der Stärkste, wenn es zum Preiskampfe auf dem Markte kommt, seine schwachen Seiten, seine Achillesferse hat, und daß bei diesen schwachen Seiten selbst der Schwächste einsetzen kann, um dort dem Starken und Stärksten unbequem zu werden, — Erfahrungen, die man deutlicher wiederum drüben in den Vereinigten Staaten als bei uns in der Entwicklung ablesen kann, weil dort die Umwertung der Verhältnisse sich sehr viel rauher, aber infolgedessen auch deutlicher abspielt, als es bei uns der Regel nach wenigstens der Fall ist. Wir wissen genau darüber Bescheid, namentlich aus den größten Kapitalkonzentrationen, die es auf der Welt gibt und geben kann, aus den Kämpfen, die die Eisenbahngesellschaften der Vereinigten Staaten gegeneinander ausgefochten haben. Die Zeit liegt verhältnismäßig weit zurück; denn schon seit einem Menschenalter, seit reichlich 40 Jahren, ist das alte Kulturgebiet der Vereinigten Staaten, der Nordosten, zu vollkommener Ruhe auf diesem Gebiet gekommen, und die letzten großen Kämpfe, die im Westen, im Neulande, sich abgespielt haben, liegen ebenfalls bereits 20 Jahre zurück. Immer hat man dieselbe Erfahrung gemacht: der Starke, ein Vanderbilt, ein Rockefeller, ein Cassat, der Beherrscher der Pennsylvania Railroad Comp., ein Harriman — diese Starken haben anfangs den Kampf wohl einmal aufgenommen in der Erwartung, daß es ihnen leicht sein würde, die kleinen, ihnen in der Tarifpolitik unbequemen Konkurrenten desselben Gebietes dank ihrer Kapitalkraft durch Frachtenunterbietungen herunterzudrücken und dann billig aufzukaufen, und sie haben dann die Erfahrung machen müssen, daß dieser Kampf denn doch von seiten der Starken einen Kapitalaufwand erforderte, der nicht recht im Verhältnis zu den dann schließlich erzielten Ergebnissen stand. Der Schwache hat im letzten Notfalle eine Waffe, mit der er den Starken sehr unangenehm werden kann, und das ist sein eigener Konkurs, oder, wie man es freundlicher ausdrückt, die kapitalmäßige Reorganisation, die nichts anderes bedeutet, als daß der betreffende Betrieb durchaus weiter arbeitet, — er wird nicht stillgelegt, wenn stehendes Kapital in ihm die Hauptrolle spielt, — aber daß er nach diesem Konkurs privatwirtschaftlich mit einer Kapitalbasis dasteht, die ihn plötzlich für die Preis- und Tarifpolitik leistungsfähiger macht, als es der Große ist, der sich eine derartige Reorganisation seines Kapitalaufbaues nicht nur seines Prestiges wegen, sondern seiner ganzen kommenden Entwicklung wegen einfach nicht leisten kann. Der Kleine, der durch einen solchen Tarifkampf in den Konkurs, in die Reorganisation hineingetrieben ist, steht nachher, wie ein Phönix aus der Ascne, privatwirtschaftlich leistungsfähiger auf, als er jemals zuvor war: alle die Kapitalien, die in ihn ursprünglich hineingeflossen sind, sind durch diesen eigentümlichen Prozeß aus seiner Selbstkostenrechnung herauseskamotiert worden, und er braucht nur die Betriebskosten und die Verzinsung und die sonstigen Kosten des etwa neu aufgenommenen Kapitals nunmehr als Produktionskosten zu rechnen; und ob er nicht von dieser Basis her dem Großen überlegen ist, der in seine Produktionskosten immer seine vollen Kapitalunkosten hineinzurechnen hat, — nun, es ist keine Frage, sondern alle Erfahrung lehrt, daß hier eben die Schwäche des Großen sitzt, der der Schwache eben seine Schwäche als Stärke entgegenzuwerfen vermag. Und schon diese Erfahrung hat dazu geführt — überall in der Welt, nicht nur in den Vereinigten Staaten —, daß doch der Starke lieber versucht, einem großen Preiskampfe aus dem Wege zu gehen und sich gütlich mit dem Schwachen zu einigen über eine Marktbeherrschung, wenn man zu der vollen Marktunabhängigkeit auf dem Trustwege nicht zu kommen vermag.

Und dann ein zweites: Die Kämpfe um die Marktbeherrschung, um die Marktpreisgestaltung legen allzu viele für den Innenaufbau der Werke wichtige Kräfte fest, als daß man nicht auch aus diesem Grunde schon diesem Kampfe ausweichen sollte. Die Generation von wirtschaftlichen Unternehmern, die lediglich in der Gestaltung der Marktstellung ihres Unternehmens ihre Aufgabe sehen oder wenigstens die Hauptaufmerksamkeit dieser Seite ihres Unternehmens widmen, ist stark zusammengeschmolzen. Wir haben nicht nur aus der Betonung der Technik heraus, sondern mehr noch aus der Betonung des Kapitalaufbaues heraus, der aus dieser Technik sich ergibt, aus der Betonung der stehenden Kapitalien die Entwicklung sich ableiten sehen, daß gerade auch die führenden Köpfe unserer Unternehmen in ihren Betrieben dem Aufbau der Technik und der Organisation, dem Ineinandergreifen der verschiedenen Stellen einen wesentlichen Teil ihrer Arbeit widmen. Dies wurde dadurch ermöglicht, daß früh schon, schon seit mehr als 40 Jahren, die Kartelle die Aufgabe der Marktgestaltung den führenden Köpfen der einzelnen Unternehmen, zum Teil wenigstens, abgenommen haben. Es hat aber die Kartellbildung auch ganz wesentlich erleichtert, und es hat anderseits dazu geführt, daß die Fragen der Innengestaltung eine immer größere Bedeutung bekommen haben und dem ganzen Unternehmergeist, wie er sich hieraus entwickelt hat, mehr Befriedigung versprachen als jenes Feilschen um den Marktpreis. Wie bezeichnend, daß der englische Industrielle bekanntlich diese Marktaufgabe der Regel nach nicht auf seine eigenen Schultern nimmt, sondern den selbständigen Handel beinahe neben jeder Industrieunternehmung — es ist keine starke Uebertreibung, die darin liegt — gesondert bestehen läßt. Der englische Industrielle kümmert sich von jeher ausschließlich um seinen Innenbetrieb; das Beschaffen der Rohstoffe, das Absetzen der Fabrikate dagegen überläßt er einer selbständigen Kaufmannsfirma, und wieder ist es charakteristisch, daß wir unter den englischen Industriellen ganz überwiegend geborene Engländer und unter den in England tätigen Handelsleuten nur ganz wenige geborene Engländer, dagegen sehr viel Griechen, Deutsche und allenfalls, wenn wir auf einen englischen Namen stoßen, Schotten tätig finden.

Wenn nun aber die Aufmerksamkeit auch bei uns dank der Entwicklung, die später als in Engalnd zur vollen Blüte gekommen ist, sich mehr und mehr auf die Innenseite der Organisation einstellt, dann muß der Kampf um den Markt dem einzelnen Unternehmer als etwas erscheinen, was ihn von seiner wichtigsten Aufgabe ablenkt, und er zieht es vor, in dieser ihm sowieso nicht recht liegenden Aufgabenseite etwas von seiner Selbständigkeit abzugeben, um anderseits in dem, was ihm hauptsächlich am Herzen liegt, in der Innenorganisation und Technik seines Werkes sich seiner vollsten Selbständigkeit zu erfreuen. Dies um so mehr, als die Selbständigkeit, die man formell dem Markt gegenüber festhält, schließlich doch nur eine Scheinselbständigkeit ist, weil man sich damit zwar nicht in eine gewiße Abhängigkeit von den Berufskollegen, von den Leitern gleicher Unternehmungen begibt — denen gegenüber behält bei Ablehnung eines Kartells der einzelne Werksleiter seine Selbständigkeit — wohl aber, weil man sich in die völlige Abhängigkeit von jenem großen Unbekannten, dem Markt, dem Publikum begibt, die bekanntlich viel schwerer drückt als irgendeine in eine bestimmte Rechtsbindung hineingebrachte Abhängigkeit. Es ist der Markt, es ist der Marktkampf, der diesem scheinbar selbständig bleibenden Unternehmer seine Gesetze diktiert; diesen hat der selbständig bleibende Unternehmer sich schlechtweg zu fügen, wenn er nicht die Strafe des Existenzverlustes für sein Unternehmen auf sich laden will. Und dieser Gefahr gegenüber bedeutet die Notwendigkeit, von der Marktselbständigkeit etwas zu opfern, um dafür reale Selbständigkeit im Bereich der eigenen Unternehmung zu bekommen, das bei weitem kleinere Übel. Das ist der Weg, auf dem es zur Vermeidung jener Kämpfe, zur Marktbeherrschung dann zu kommen vermag.

Die Kartelle haben sich nach allen Erfahrungen, die bis in die letzte Zeit sich geltend machten, auch keineswegs als entwicklungsunfähig erwiesen. Nicht nur sehen wir bei den einzelnen Kartellen eine innere Reifung vor sich gehen — eine Reifung, die aus einer mehr primitiven und rücksichtslos egoistischen Art, die Aufgaben anzufassen, zu immer vollkommener ihrer Ziele und auch ihrer Schranken sich bewußt werdender Politik des Kartells führt. Darüber hinaus sehen wir auch, daß in den Kartellaufgaben selber Gestaltungsfähigkeit vorhanden ist, und daß die Organisation es erlaubt, den verschiedenen Aufgaben sich anzupassen, die etwa an sie herantreten. Ich muß es mir natürlich versagen, hier in Ihrem Kreise ganz speziell auf das Ihnen nahestehende Syndikat, auf die Wirtschaftliche Vereinigung und seinen alter ego, das Gaskokssyndikat, näher einzugehen. Sie kennen es besser als ich; Sie klagen vielleicht etwas mehr darüber, als ich als Unabhängiger, als Außenstehender, Nachteile zu sehen vermag. Nur eines darf ich gerade in diesem Kreise hier anführen: Ihre Wirtschaftliche Vereinigung gehört sicher zu jenen Kartellen, die durch die Vielgestaltigkeit der Aufgaben, die sie auf sich genommen hat, und vor allen Dingen durch die Beweglichkeit der Organisationsformen, in denen dies geschehen ist, für uns Wissenschaftler immer ein Beispiel dafür bleiben, daß man in kartellmäßiger Form sogar vertikale Kombinationen vornehmen kann. Vielleicht liegt hier eine Organisationsform vor, die Verbindung von horizontaler und vertikaler Kombination, die nicht nur bei Ihnen, sondern auch — ich denke etwa an das Rheinische Braunkohlensyndikat, im markanten Unterschied zum Steinkohlensyndikat — im allgemeinen den Aufgaben, wie sie nun einmal gestellt sind, am besten sich anpaßt, ohne behaupten zu wollen, daß nun etwa diese Form das Gute im absoluten Sinne des Wortes, das Beste, was überhaupt denkbar wäre, darstellt. Hierüber mögen Sie sich mit der Institution Ihrer Wirtschaftlichen Vereinigung auseinandersetzen; für mich als Wissenschaftler gibt es nur eine Tatsache: In dieser schlechtesten aller Welten gibt es nichts, was absolut gut ist; man muß froh sein, wenn man das Bessere nicht zum Feind des Guten werden läßt.

Aber freilich, unsere Kartelle, wie sie sich allmählich gestrafft haben, und wie sie meiner Überzeugung nach die Krisis, die jetzt gerade auch über sie hereingebrochen ist — ich brauche wieder nur an das Schicksal des Rheinisch-Westfälischen Kohlensyndikats zu erinnern — schließlich doch überleben werden, stehen gerade in der Gegenwart vor einer Bewährungsprobe volkswirtschaftlicher Art, die in ihrem Schwergewicht überhaupt nicht überschätzt werden kann. Es ist die heikle und so schwierige Frage der Preispolitik, die gerade jetzt mit besonderer Stärke und Kraft vor allen unseren Kartellen steht. Denn wenn wir die gewaltige Krisis, unter der unser Wirtschaftsleben jetzt steht, aus der es sich nur mit äußerster Mühe und Anstrengung herausarbeiten kann, auf einen letzten Nenner zurückführen wollen, so ist es eine Absatzstockung allerdrückendster Art. Absatzstockung, Absatzgestaltung und Preispolitik hängen aber aufs engste miteinander zusammen. Im allgemeinen haben meiner Überzeugung nach gerade unsere festgefügten, straffen Syndikate es nach Überwindung ihrer Kinderkrankheiten recht gut verstanden, in ihrer Preispolitik die privatwirtschaftlichen Interessen ihrer Mitglieder im großen und ganzen in Einklang mit den volkswirtschaftlichen Interessen zu halten. Beide treffen sich darin, daß es privatwirtschaftlich nicht so sehr darauf ankommt — und das ist das, was man in den Kartellen gelernt hat — jeweils die höchsten Preise aus dem Absatz herauszuholen, sondern daß es privatwirtschaftlich für die einzelnen Mitglieder vorteilhafter ist, einer gewißen Gleichmäßigkeit der Preisbewegung sich anvertrauen zu dürfen, und daß anderseits die allgemeine Volkswirtschaft ein größeres Interesse an dieser Gleichmäßigkeit hat als an möglichst niedrigen Preisen, wie sie jeweils aus dem Konjunkturgange sich vielleicht ergeben könnten. Denn gerade weil wir beachten können, daß, ähnlich wie die Vertikalkombinationen, so auch die wirklich straffen Syndikate und Kartelle sich vor allem in der Sphäre der Rohstoffgewinnung und Halbfabrikaterzeugung bewegen, darum ist es für die ganze Volkswirtschaft so bedeutsam, daß hier in diesen Sphären sich eine einigermaßen gleichbleibende Preisbewegung durchsetzt. Es ist uns bekanntlich in Praxis und Wissenschaft nachgerade eine Selbverständlichkeit geworden, daß wir bei den Eisenbahntarifen auf Gleichmäßigkeit das entscheidende Gewicht legen, und alle Länder der Welt, ob in Staatsbahn- oder Privatbahnsystem, haben immer das Schwergewicht darauf gelegt, durch Gesetzgebung und Verwaltungskontrolle sich diese Gleichmäßigkeit der Eisenbahntarife zu sichern. Ebenso haben wir in Deutschland, aber auch in anderen Ländern der Welt gelernt, auf die Gleichmäßigkeit des Reichsbankdiskonts, als der Unterlage für die allgemeine Zinsberechnung, besonderes Gewicht zu legen; wir stellen das System „Havenstein", wie es vor dem Kriege sich durchgesetzt hat, dem früheren „System Koch" als die volkswirtschaftlich bessere Diskontpolitik gegenüber. Genau in die gleiche Linie gehört es aber, wenn in unsere Rohstoffgewinnung und Halbfabrikation Gleichmäßigkeit der Preise kommt. Die Kalkulationsunterlage für alle verarbeitenden Betriebe und damit für die gesamte Wirtschaft wird dadurch in jenes Gleichmaß hineingehoben, das der Entwicklung der Technik, der Beschäftigung der großen Massen der Arbeiterschaft, kurzum dem ganzen Wirtschaftsleben ihren eigentlichen Inhalt einflößt und einflößen muß. Und wenn unsere Kartelle, wie wir behaupten können, nach Überwindung der Anfangserscheinungen die Betonung dieser Gleichmäßigkeit gelernt haben, wenn sie der Regel nach darauf verzichtet haben, bei ansteigender Konjunktur das Höchste an Preisen herauszuholen, um dann allerdings auch bei abfallender Konjunktur nicht bis an den Tiefpunkt herunterzugehen, der vielleicht einer Steigerung des Absatzes entsprechend wäre, — dann haben sie auch eine volkswirtschaftlich wertvolle Arbeit geleistet, nicht nur ihren Mitgliedern privatwirtschaftliche Vorteile zugewandt.

Heute haben wir es jedoch mit Verhältnissen zu tun, die es uns nicht erlauben, ohne weiteres Erfahrungen und Lehren der Vergangenheit auf die Gegenwart anzuwenden. Denn mit dem, was wir an Krisis jetzt seit Monaten über uns ergehen lassen müssen, hält keine wirtschaftliche Krisis der Vergangenheit auch nur im entferntesten einen Vergleich aus. Dank der engen Verquickung von Wirtschaft und Politik, die leider in der Gegenwart in übergewaltigem Ausmaß eine Selbstverständlichkeit geworden ist, baut sich alles, was wir heute wirtschaftlich erleben, auf ganz eigenartigen, die Wirkungen verzerrenden Unterlagen auf. Deswegen müssen wir heute die Frage, wie eigentlich die Preispolitik gehandhabt werden muß, aus der Besonderheit der Verhältnisse heraus zu beantworten suchen, damit aus dieser Krisis überhaupt ein Ausweg zu sehen ist. Und dann gilt folgendes:

Die Absatzstockung beruht auf der Kaufunfähigkeit breitester Konsumentenschichten oder besser auf dem Mißverhältnis, das zwischen den Produktionskosten und der Zahlungsfähigkeit der großen Masse des Publikums sich eingestellt hat. Die Produktionskosten sind nicht nur hoch geblieben, sondern dank der Absatzstockung steigen sie auch noch, weil mit der Absatzstockung immer stärker auf jedes einzelne Quantum, das etwa abgesetzt werden kann, die konstanten Kosten sich werfen, die in ihrer absoluten Höhe von der Größe der Produktion garnicht oder nur sehr wenig beeinflußt werden. Und da nun mit der Betonung der Technik diese allgemeinen Kosten und ihre Gleichmäßigkeit immer stärker hervortreten, so muß natürlich dieses Mißverhältnis auch immer stärker sich ausgestalten, je mehr der Absatz stockt, je geringer also die Zahl der Produkte wird, die zur Tragung der von der Produktion unabhängigen Kosten herangezogen werden müssen. Damit kommen wir — die Gefahr ist sehr groß — leicht in einen Fehlerzirkel, in einen circulus vitiosus hinein, oder sagen wir vielleicht ehrlicher: in diesem Zirkel verbleiben wir, wenn nicht alle beteiligten Industriezweige und auch die in den Industriezweigen bestehenden Kartelle jetzt ihr Hauptaugenmerk darauf richten, zwischen der Produktionsfähigkeit unserer Industrie, als Ganzes genommen, und der Aufnahmefähigkeit des Marktes wiederum ein besseres Verhältnis herbeiführen, als es im Augenblick besteht. Gewiß liegt es nahe, dabei zuerst einmal daran zu denken, etwa durch Senken der Löhne die Produktionskosten herunterzudrücken. Ich verspreche mir aber sehr wenig von diesem Wege. Denn Senken der Löhne kann bei gleichbleibender oder gar steigender Gesamtleistung gewiß Senken der Produktionskosten bedeuten; aber ebenso sicher und noch sicherer ist es, daß ein Senken der Löhne wiederum Beschränkung der Zahlungsfähigkeit der großen Masse unserer Bevölkerung bedeutet. Das ist der circulus vitiosus, in den wir hineinkommen und in dem wir bleiben, wenn wir ausschließlich diese Seite der Möglichkeit der Senkung der Produktionskosten betrachten.

Deshalb will mir immer, so paradox es klingen mag, der entgegengesetzte Weg als der aussichtsreichere erscheinen. Denn wenn wir die Aufstellungen über Produktionskosten, die in mannigfachen Publikationen einzelner Werke gemacht worden sind, näher verfolgen, dann finden wir, daß man die Steigerung, die unzweifelhaft dadurch bewiesen wird, ihre gewaltigen Dimensionen gegenüber der Zeit vor dem Kriege — immer abgesehen von unseren Geld- und Währungsverhältnissen, die natürlich auch zu berücksichtigen sind — hauptsächlich auf zweierlei Gründe zurückzuführen hat: Das eine ist die gewaltige Zunahme der unproduktiven Löhne, die zum großen Teil (Kriegs- und Zwangswirtschaft) auf gesetzgeberischen Maßnahmen beruhen, wie sie auch noch in einer gewissen Übergangszeit meiner Meinung nach durchaus notwendig und angebracht waren, deren Abbau aber nachgerade dringend geboten ist. Das zweite ist, daß die Ausnutzung unseres sachlichen Produktionsapparates weit hinter dem Grade zurückgeblieben ist, den wir vor dem Kriege als selbstverständlich zu betrachten uns gewöhnt hatten. Jene Löhne für das einzelne Fabrikat herunterzudrücken und diese Kapitalausnutzung zu heben, ist jedoch nur möglich, wenn wir vom Absatz her anfangen, d. h. ihn so weit steigern, wie wir nur irgend können, um dann eine wesentlich größere Menge von Produkten herzustellen und für das einzelne Produkt einen wesentlich geringeren Anteil an den Kosten des stehenden Kapitals und an den unproduktiven Löhnen herauszuwirtschaften. Abbau der Preise, so hart es vielen Wirtschaftlern in die Ohren klingen mag, ist der allernotwendigste Abbau, vor dem wir schon wochenlang gestanden haben und der längst nicht in dem Umfange vollzogen worden ist, wie er vollzogen werden muß, gerade um die Produktionskosten zu senken. Das Inland mit seiner Aufnahmefähigkeit ist nun einmal für die bei weitem meisten Zweige unserer Industrie die entscheidende Unterlage der Gesamtproduktion. Nur wenn wir von ihm aus diese heben und verbilligen, können wir auch im Ausland auf Absatzsteigerung rechnen.

Der Preisabbau aber ist eine Aufgabe, die für ein Kartell schwerer zu erfüllen ist als für ein einzelnes Werk. Ein einzelnes Werk kann mit seinen Preisen auf die Verantwortlichkeit seines Leiters hin heruntergehen, so tief wie es der Konkurrenzkampf schließlich erfordert; natürlich nicht, wenigstens nicht für längere Zeit, unter den Betrag der laufenden Betriebskosten herunter, aber doch — wie ich es vorhin schon bei dem Preiskampf zwischen den Starken und den Schwachen erwähnte — immerhin unter jenen Betrag herunter, der außer den laufenden Betriebskosten noch die Kapitalkosten, Verzinsung und Tilgung des im Unternehmen steckenden Anlagekapitals in sich enthält. Kapitalkosten aus den schon bestehenden Anlagen, wie immer sie auch gestaltet sind, haben daher in einer Kostenberechnung, welche die niedrigst möglichen Preise ergeben soll, heute nichts zu suchen. Das ist das Element, auf das man zeitweise verzichten kann, wenn es sich darum handelt, einen Markt wieder in Ordnung zu bringen, Absatz- und Aufnahmefähigkeit zu erzielen, und auf das man jetzt verzichten muß; sonst könnte der Absatz schließlich so zurückgehen, daß weder die Kapitalkosten noch auch nur die laufenden Betriebskosten dabei herausgewirtschaftet werden. Es ist also das kleinere Übel, vorübergehend auf Ersatz der Kapitalkosten, auf Verzinsung und Tilgungsquote in den Preisen zu verzichten, als unser ganzes Wirtschaftsleben zu ruinieren und dann so leicht nicht wieder zu einer Aufnahmefähigkeit des Marktes zu gelangen, wie sie nach der Produktionsfähigkeit unserer Industrie in allen ihren Teilen als nicht nur erwünscht, sondern als notwendig bezeichnet werden muß.

Diese Aufgabe ist für ein Kartell besonders schwierig. Denn daß das einzelne Kartellmitglied ohne weiteres derartigen Überlegungen sich hingibt und die Kartelleitung in der Politik einer Preissenkung unterstützt, das kann, da wir es mit Menschen zu tun haben, nicht erwartet werden. Das entgegengesetzte Gefühl muß vielmehr überwiegen: wir haben uns zusammengeschlossen, um die Preise wenigstens auf der Höhe unserer vollen Produktionskosten zu halten, also die laufenden Betriebskosten plus Kapitalkosten in den Preisen zu erzielen. Einer solchen Einstellung steht eine Kartelleitung zwar nicht mit gebundenen Händen, aber immerhin mit schwererer Beweglichkeit gegenüber als etwa der Leiter eines einzelnen Werkes, der die Rechnung wirklich nüchtern vor sich hat: ob die Steigerung seines Absatzes ihm nicht doch vielleicht mehr Vorteile oder besser: weniger Nachteile bringt als die Hochhaltung der Preise. Und dennoch, diese Bewährungsprobe muß von unseren Kartellen in der heutigen Zeit geleistet werden; sonst mögen sie privatwirtschaftlich immer noch als vorteilhaft, als günstig anerkannt werden, volkswirtschaftlich haben sie ihre Rolle ausgespielt.

Ein Glück deshalb, daß schließlich doch wieder auch hier volkswirtschaftliche Interessen und Privatinteressen der einzelnen Werke im Ergebnis zusammentreffen. In jedem Kartell — es gibt meines Wissens kein einziges wo es anders wäre — gibt es Mitglieder, die genau den Erwägungen folgen, wie ich sie eben aufgezeichnet habe, und zwar auch schon in normalen Zeiten. Wer von Ihnen in Rheinland und Westfalen tätig ist, der kennt die Bezeichnung „Mäßigkeitsapostel" für die Leiter jener großen und gut eingerichteten Zechenunternehmungen, die von der Größe und den verhältnismäßig niedrigen Gestehungskosten ihrer Unternehmungen her den Grundsatz proklamieren: großer Umsatz und kleiner Einzelnutzen ist besser als kleiner Umsatz bei großem Einzelnutzen: d. h. jene Mäßigkeitsapostel drängen von jeher auf Niedrighaltung der Preise. Und wenn das Rheinisch-Westfälische Kohlensyndikat nur noch ganz mühsam zusammengehalten wird — ich glaube, man verrät kein Geheimnis, wenn man sagt, daß es in allen seinen Fugen kracht —, dann kommt das aus dem Gegensatz heraus, den ich hier berührt habe: die großen, oder richtiger gesagt, die modern eingerichteten Werke — es sind nicht immer nur die größten — drängen darauf, der allgemeinen wirtschaftlichen Situation entsprechend die Preise so tief herunterzusetzen wie nur irgend möglich, um bei hohem Absatz ihre Produktion wenigstens nicht einschränken zu brauchen, während die Betriebe hoher Produktionskosten, die sowieso ihre Arbeit nicht ausdehnen können, mehr Wert auf höchste Preise legen. Und genau ebenso können wir es in anderen Syndikaten beobachten: verfolgen Sie etwa die Vorgänge beim Kalisyndikat, so haben wir auch da den übrigens schon seit Jahrzehnten gekannten Gegensatz jetzt wieder scharf hervorbrechen sehen. Kurzum, wohin wir schauen, überall macht sich dieser Gegensatz innerhalb der Kartelle geltend, und das heißt: vor den Kartellmitgliedern, vor den Mitgliedern aller Kartelle, die wir zu übersehen vermögen, steht die schwerwiegende Frage: sollen sich in der Preisberechnung durch Niedrigsetzen der Preise, die dann gerade noch die normalen Betriebskosten decken, vorübergehend die Kapitalkosten aus der Produktionskostenberechnung sozusagen herauswerfen lassen, dadurch den Absatz fördern und dadurch schließlich doch zu einer Senkung der gesamten Produktionskosten kommen, d. h. gleichsam nachträglich die für die Preispolitik gegebene sachliche Unterlage wieder herstellen, oder soll man einseitig und kurzsichtig die Preise so hoch halten, daß die Produktionskosten in ihrem vollen Umfange, selbst bei schlechter Gestaltung der Werke, noch gedeckt werden? Im letzteren Falle rächt es sich in ganz kurzer Zeit im Absatz, und das Kartell bricht auseinander, wie wir es wiederholt gerade in diesem Zwiespalt der Interessen innerhalb der Kartelle erlebt haben. Wenn aber das Kartell auseinanderbricht, dann kommen jene Kampferscheinungen zutage, denen gewiß der Schwache auch gewisse Waffen entgegenwerfen kann, denen er jedoch gerade mit seinen Kapitalien zuerst unterliegt, weil es letzten Endes um die Existenzfähigkeit der Schwachen und um die Leistungsfähigkeit der Starken geht. Mir will es deshalb, auch privatwirtschaftlich betrachtet, als das kleinere Übel erscheinen, lieber vorübergehend und auch dann, wenn man mit hohen Produktionskosten rechnet, auf einen Teil der Produktionskostendeckung bei der Preispolitik zu verzichten, als jenem großen und in Krisenzeiten besonders schwerwiegendem Kampfe sich auszusetzen, der aus einseitiger Betonung einer Richtung der Interessen naturnotwendig und unabwendbar sich ergeben wird. Moderne große Werke, die gut geleitet werden, können sich nicht darauf einlassen, ihre Kartelltreue so weit zu treiben, daß sie schließlich ihre ganze Existenz dabei aufs Spiel setzen. Und so steht die Wahl, dank der heutigen wirtschaftlichen Verhältnisse, vor unserem ganzen Wirtschaftsleben, nicht nur vor diesem oder jenem Teil: entweder Kampf bis aufs Messer zwischen den einzelnen Teilen, bei denen jeder schwer blutend schließlich am Boden liegt, oder Berücksichtigung der volkswirtschaftlichen Interessen, die am letzten Ende auch den privatwirtschaftlichen Interessen entsprechen, mit ihnen übereinstimmen, und bei deren Befolgung man infolgedessen auch seine eigenen Interessen der Regel nach am besten wahrt.

FSC
www.fsc.org
MIX
Papier | Fördert
gute Waldnutzung
FSC® C083411

Kolibri 360 GmbH
Ferdinand-Jühlke-Straße 7
99095 Erfurt, Deutschland
produktsicherheit@kolibri360.de